Hablando en plata

Hablando en plata

Una guía honesta y transparente para
emprender sin miedo y convencer a inversores

MATHIEU CARENZO

G2000

Gestión 2000 es un sello editorial de Centro de Libros PAPF, SLU.
Av. Diagonal, 662-664
08034 Barcelona
www.planetadelibros.com

Primera edición: febrero de 2025
Depósito legal: B. 23.052-2024
ISBN: 978-84-9875-585-5
Composición: Realización Planeta
Impresión y encuadernación: Arteos Digital, S. L.
Printed in Spain - Impreso en España

PEFC Certificado
Este libro procede de bosques gestionados de forma sostenible
PEFC
PEFC/14-38-00305
www.pefc.es

Sumario

Introducción 9

1. El primer paso 11
2. El camino del emprendedor 21
3. Conociendo a los inversores.. 61
4. Frente a los inversores 97
5. Hablando en plata.. 145

Anexo: glosario complementario de inversión para emprendedores 149
Índice de términos 179

Introducción

Desde ya más de veinte años, estoy enseñando emprendimiento e invirtiendo en empresas emergentes de alto crecimiento (las famosas *start-ups*) en todos los continentes. Lo hago en inglés, en francés, en español..., y cada día con más energía y convencimiento: emprender es el camino más corto para alcanzar la libertad.

Sin embargo, conozco muchas personas talentosas y ansiosas de perseguir oportunidades emprendedoras (a lo mejor como tú) que nunca lo hacen. Creo firmemente que hay dos razones fundamentales para esto: la falta de conocimiento y el miedo.

Este libro pretende combatir estos dos retos con transparencia, vocabulario accesible y ejemplos prácticos.

Pero primero desmitifiquemos...

Mi abuelo era dentista. ¿Era mi abuelo un emprendedor? Sí. Aunque no hubiese creado un negocio disruptivo, tenía a dos personas trabajando para él.

¿Una abogada que abre su despacho es una emprendedora? También lo es.

¿Un financiero que lanza un nuevo fondo de inversión es un emprendedor? Sin duda.

¿Son Elon Musk y Amancio Ortega emprendedores? Claro que sí...

La diferencia es el impacto que provocan... Algunos quieren y son capaces de pasar del servicio al producto (dicho de otra forma, pasar de la artesanía a la industria) y otros no. Algunos necesitan inversores y otros no. Algunos revolucionan nuestras vidas y otros no. Pero comparten todos (¡y todas!) la misma responsabilidad: son dueños de su cuenta de resultados. Todos crean valor y empleo con sus empresas.

¡Emprendamos juntos!

1

El primer paso

> El éxito no es definitivo, el fracaso no es fatal, es el coraje de continuar lo que cuenta.
>
> WINSTON CHURCHILL

En torno al 4500 a. C. una persona creativa e inquieta fabricó unos objetos circulares para sustituir a los troncos que hacían avanzar plataformas y que facilitaban el transporte de cargas muy pesadas. Parece ser que hay un acuerdo generalizado en otorgar el título de primer emprendedor de la historia a esa persona que, un día del Neolítico en algún lugar de Sumeria, inventó la rueda.

¿Puede realmente considerarse al individuo que inventó la rueda como un emprendedor o se trata de un inventor? No hay duda de que la rueda mejoró la vida de las personas y cambió la sociedad, pero desconocemos si ésta era su intención.

La invención es un acto que tiene principio y fin en sí mismo. No necesita de nadie para que exista, más allá de las personas implicadas en la creación del invento.

Al contrario, para emprender, necesitamos un mercado (clientes), recursos (humanos y financieros) y tiempo.

¿Inventor o emprendedor?

Hacia finales del siglo XII a. C. los fenicios inventaron la escritura alfabética de veintidós caracteres; más sencilla, fácil de aprender y más adaptable a otras lenguas que el lenguaje cuneiforme o el jeroglífico, lo que facilitó enormemente la comunicación con otros pueblos. Registraron sus transacciones comerciales en un mercado que hicieron cada vez más grande y así ha quedado constancia de sus estrategias comerciales. A la mejora del nivel de vida que aportaban los inventos, había que sumarle un beneficio financiero y un mercado, lo que añade un nuevo parámetro: el crecimiento económico.

Más tarde, los romanos, aportaron algunos de los inventos más importantes para el desarrollo de la agricultura, como fueron el arado, los sistemas de riego, el molino o la prensa de trigo. Se hizo necesaria una regulación, lo que provocó la creación del gran legado del Imperio romano: el derecho que reguló, entre otras cosas, las relaciones comerciales.

En 1440, en una ciudad alemana llamada Maguncia, y tras años de investigación, Johannes Gutenberg inventó la imprenta de tipos móviles, Gutenberg tardó tres años en imprimir las doscientas copias de la Biblia de 42 líneas; necesitó cuatro prensas y empleó a seis tipógrafos y una docena de prenseros. Gutenberg no era únicamente un inventor, sino que fue un emprendedor que encontró un modelo de negocio escalable basado en la tecnología. Su *start-up* creó empleo y se dirigió a un mercado de masas.

Un inventor puede emprender, pero un emprendedor no tiene por qué ser inventor. De hecho, la copia es uno de los posibles caminos para emprender. ¿Quién no conoce casos de éxito que así lo confirman? Rappi en América latina es una réplica de un negocio ya consolidado en Estados Unidos (Doordash); Telepizza en España es una copia de Dóminos, etcétera... Estas empresas se han implantado en nuestros mercados anticipándose a los originales. Vieron una oportunidad de negocio y la aprovecharon.

Para emprender a gran escala se necesita capital

Muy pocos años después de que Gutenberg inventara la imprenta, Cristóbal Colón busca financiación para sufragar los enormes gastos de su viaje, con el que pretende abrir una nueva ruta hacia las Indias. Convence a la reina Isabel para financiar la operación. Los Reyes Católicos no fueron motores del proyecto en sus inicios, pero su participación fue indispensable para el éxito del proyecto.

Involucrar a socios financieros es una decisión que debemos tomar como emprendedores; en muchos casos, por necesidad. Esta decisión afecta al control que podamos mantener sobre la empresa. En el caso de que decidamos contar con financiación externa, la persona o institución que lo financie también es una pieza clave del proyecto.

Acabamos de descubrir dos perfiles imprescindibles para el éxito de una iniciativa emprendedora a gran escala. Por un lado, los emprendedores, que aportan tiempo, trabajo y, ocasionalmente, capital. Y, por otro, los inversores, que aportan capital y, ocasionalmente, tiempo y trabajo.

El emprendedor convierte una idea en una oportunidad de negocio

Más tarde, y más al oeste, el 4 de julio de 1776, nació Estados Unidos, el país donde quiero terminar de dibujar el retrato robot de lo que hoy conocemos como *Emprendedor*. Un vasto territorio al que llegaron personas de todos los rincones del mundo en busca de una nueva vida. Un país joven, libre, sin las ataduras de sus viejos países de origen. Un lugar en el que cualquier persona podía hacer realidad el sueño que se propusiera.

La victoria de los fabricantes sobre los hacendados en la guerra de Secesión (1861-1865), de la libertad y la innovación sobre la esclavitud, creó el contexto adecuado para el desarrollo de la industria estadounidense. Emprendedores como Thomas Edison levantaron verdaderos imperios empresariales al unir la innovación con la iniciativa emprendedora.

En el siglo XX llegaron Bill Gates, Steve Jobs, los ordenadores e internet; en el siglo XXI, las redes sociales, la inteligencia artificial...; desde los fenicios hasta Mark Zuckerberg o Elon Musk, todos tienen algo en común: convirtieron una idea en una oportunidad de negocio. Dejaron de soñar, pasaron a la acción y la convirtieron en realidad. Una idea no vale nada hasta que asumimos el riesgo de implementarla. Éste es el rasgo que diluye la enorme distancia que los separa en el tiempo.

Emprender es un reto difícil, accidentado, no apto para cualquiera

Emprender conlleva un alto desgaste emocional. En la escuela y la universidad aprendemos a gestionar el conocimiento para aplicarlo de la mejor manera en el mundo del trabajo cometiendo el mínimo de errores posible..., para emprender hay que saber gestionar no el conocimiento, sino la incertidumbre. Debemos asumir, sin miedo, que los errores, las equivocaciones o incluso el fracaso son una parte del aprendizaje. Es de la incertidumbre de donde parte el camino que nos llevará hasta donde, con mucho trabajo y algo de suerte, nos podemos encontrar con Gutenberg, Colón, Gates, Jobs u Ortega.

Cuando uno decide dejar el trabajo por cuenta ajena para lanzarse a la aventura de emprender debe estar dispuesto a trabajar más, ganar menos dinero y dormir poco durante un tiempo indefinido. Las razones para tomar esa decisión no pueden fundamentarse en problemas puntuales con los jefes o los compañeros, sino en motivaciones más trascendentales, que tampoco, aunque sea un parámetro a tener en cuenta, necesariamente tienen que ver con el beneficio económico.

Esperar a que llegue el momento perfecto para emprender es una quimera: el momento perfecto no existe. Cuántas veces he hablado con amigos que quieren emprender, pero no lo hacen por diferentes razones: «ahora no puedo porque estoy pagando la hipoteca», «cuando los niños sean mayores», «ya lo habría hecho, pero mi esposo no me deja», «estoy esperando a que me echen de mi trabajo para tener un colchón». Si usamos criterios de decisión económicos y cortoplacistas; nunca es prudente emprender...

Ni Gutenberg ni Steve Jobs emprendieron con el objetivo de «dar el pelotazo». Emprender es un camino muy accidentado en el que la mayoría de las empresas no sobreviven más de cinco años y algunas de las que sobreviven tardan mucho tiempo en obtener beneficios, como es el caso de Amazon, que empezó a ganar dinero diecisiete años después de que Jeff Bezos la fundase el 5 de julio de 1994.

El reto de invertir en *start-ups*

Si no podemos todos ser emprendedores o emprendedoras, todos podemos desempeñar una función en la maquinaria del emprendimiento. La mía es identificar emprendedores y colaborar en sus proyectos mediante apoyo económico: lo que se denomina *business angel*.

Mucha gente me pregunta cómo logré tener éxito invirtiendo en *start-ups*. Siempre respondo lo mismo: ¡empecé y después seguí! No es necesario disponer de mucho capital para empezar a invertir en *start-ups*. Se puede empezar con el capital disponible que tengamos, por muy poco que sea. No se trata de arriesgar nuestra salud financiera o la de nuestra familia, se trata de no repetir la misma rutina de nuestros antepasados; es decir, pensar que las únicas inversiones posibles son comprar una casa o acciones de empresas cotizadas.

Si cada uno de nosotros dedicásemos el 10 por ciento de nuestro capital disponible para financiar nuevas oportunidades de negocio, cambiaríamos el mundo. Hoy en día, gracias a las plataformas tecnológicas, cualquiera puede invertir por lo que cuesta el menú del día en el bar de debajo de su casa. Se ha democratizado un fenómeno que antes estaba reservado a unos pocos.

Invertir no es sólo una cuestión de dinero, sino de propósito. Si hoy tengo participaciones en «unicornios» (empresas con un valor de 1.000 millones de dólares) y en varias *scale-ups* (empresas valoradas en más de 100 millones de euros), no es porque haya tenido suerte, sino porque fue una decisión razonada desde el primer minuto. Los ahorros que obtuve con mis primeros empleos los invertí en empresas de nueva creación. Preferí conducir el mismo coche durante diez años, no me fui de vacaciones a las islas Bahamas y no me compré el piso en el que vivo con mi familia hasta los cuarenta y cinco. Empecé con pocos recursos y con una convicción: para invertir en una empresa que, sin cotizar en bolsa, vaya a alcanzar una valoración de 1.000 millones de dólares, hay que asumir el riesgo de invertir antes en muchas otras empresas que no van a funcionar.

El emprendimiento como herramienta de mejora del bienestar

Las compañías del Ibex 35 y de los índices de los países de Latinoamérica de finales del siglo pasado y las de 2024 son prácticamente las mismas. Las grandes empresas se mantienen, no entran otras nuevas a cotizar en el mercado. Sin embargo, si hacemos el mismo ejercicio con la bolsa americana, en este mismo período de tiempo hemos visto incorporarse a compañías como Apple (en el Dow Jones en 2015) o Amazon (en el Nasdaq en 1997 y en S&P500 en 2005), nos damos cuenta de lo dinámico que es el mercado norteamericano y de lo estático que es el de otros países. Esto es un claro síntoma de la baja capacidad de creación de empresas de alto impacto que sufre España o México, por ejemplo.

Mientras sean las mismas empresas las que lideren nuestra economía, nuestra sociedad sufrirá los mismos síntomas: alta tasa de desempleo, dependencia de los modelos de negocio tradicionales y muy pocas posibilidades de mejora y democratización del bienestar de nuestra sociedad. Parte de la solución es fomentar una economía más emprendedora, y esto no es responsabilidad de «otros», es responsabilidad de cada uno de nosotros.

Cuenta la parábola del colibrí que había un viejo bosque, apacible y tupido de árboles, en el que vivían infinidad de animales. Un verano de intenso calor trajo tal sequía que un día se declaró un tremendo incendio que se propagó tan rápido que los animales comenzaron a huir despavoridos. Unos corrían, otros volaban, otros saltaban de rama en rama. Todos huían en la misma dirección, excepto un colibrí que volaba hacia un lago escondido en el corazón del bosque. Allí cargaba su buche con unas gotas de agua y las lanzaba sobre las llamas. El resto de los animales lo miraban asombrados, pero nadie se detenía, hasta que uno le preguntó qué pretendía, por qué no huía del fuego y salvaba su vida como hacían los demás. El colibrí le respondió que en ese bosque estaba su vida y la de todos los demás animales, y que nunca se perdonaría no haber hecho todo lo posible por intentar salvarlo. El animal le dijo que él solo, con unas pocas gotas de agua, no conseguiría apagarlo, a lo que el diminuto pájaro respondió: es posible que no lo consiga, pero yo sólo puedo cumplir con mi parte.

Nadie individualmente puede cambiar las cosas, pero si nadie hace nada esto no cambiará nunca.

Crear el pegamento que se necesita para emprender más y mejor

En España y en general en América tenemos talento y formación, tanto en humanidades como en ciencia y tecnología. Probablemente el gobierno, en general, y sin entrar en una polémica de partidos, incentiva el emprendimiento con más medidas de lo que pensamos o conocemos. También tenemos fondos de capital riesgo, inversores privados y grandes empresas que apoyan iniciativas innovadoras.

Con las herramientas que tenemos debería de funcionar. ¿Por qué no funciona? Porque los intereses de cada uno de los actores no están alineados. No hay un acuerdo entre todas las piezas del puzle con un objetivo común. Las universidades no colaboran lo suficiente con las escuelas de negocio, éstas tampoco colaboran lo suficiente con las universidades, la colaboración de las grandes corporaciones con las *start-ups* parece que responde más a cuestiones de imagen y marketing. Y así podríamos seguir hasta hacer una lista infinita. ¿Cuál es la solución? Democratizar el conocimiento de la iniciativa emprendedora y sus beneficios, incentivar a los profesionales para que emprendan y aumentar la intensidad inversora en nuevas empresas.

Si conseguimos amplificar la visibilidad de los emprendedores, acabar con la aprensión de los profesionales talentosos haciendo más transparente el proceso emprendedor y su financiación, cada vez serán más las personas que se sentirán capacitadas para convertirse en emprendedoras y crearemos una sociedad de profesionales con mentes más libres, más creativas e innovadoras. Mientras no sea una realidad la igualdad de condiciones y conocimientos compartidos entre emprendedores e inversores, el emprendimiento seguirá lastrado.

Transparencia y conocimiento: las claves para una sociedad más emprendedora

Si estás leyendo este libro es porque tienes interés en saber más sobre alguno de los caminos del emprendimiento. Mi objetivo es resolver tus dudas para que emprendas o inviertas en proyectos innovadores y darte las herramientas y el conocimiento necesarios para que, al hacerlo, generes el máximo valor para todos los agentes de nuestra economía.

Muchos grandes proyectos se quedan en el camino porque no encuentran a los inversores adecuados. Esto se debe a que la demanda de capital es mayor que la oferta y la falta de conocimiento de los procesos juega en contra de los emprendedores. Si conseguimos igualar el equilibrio de poder, lograremos resultados positivos.

Si todos asumimos la plena responsabilidad de nuestros éxitos y nuestros fracasos, crearemos una sociedad donde las personas podrán lograr los objetivos a los que aspiran, algo que está inherentemente relacionado con la felicidad. Si no lo hacemos, las personas con iniciativas emprendedoras nunca gozarán del prestigio y la credibilidad necesarios para ser independientes y responsables, ser motores de una sociedad más dinámica e innovadora.

Hoy hace falta mucho más que un Gutenberg, un Colón, un Jobs o un Musk. Ellos pusieron su piedra en este camino que nos ha traído hasta aquí, son referentes históricos que han marcado épocas y deben servirnos de inspiración, pero la sociedad sólo la cambiaremos si somos muchos los que nos aventuremos a emprender. Algunos se acercarán a ellos y otros se quedarán lejos, pero sólo con el esfuerzo de todos seremos capaces de provocar el gran cambio.

Una alianza más sólida entre emprendedores e inversores genera una sociedad más productiva e innovadora. *Hablando en plata*, este libro pretende mostrar las claves para lograrlo: transparencia, conocimiento y experiencia personal.

2

El camino del emprendedor

Siempre es el momento adecuado para hacer lo correcto.

MARTIN LUTHER KING

Treinta años lanzando negocios e invirtiendo en empresas emergentes me han enseñado que la vida de un emprendedor es una sucesión de decisiones que debe tomar. Tomarlas obliga a elegir un camino y, a menudo, renunciar a otros.

Tenemos que ser capaces de reflexionar, evaluar y escoger, porque emprender es hacer frente a una serie consecutiva de dilemas y decisiones que nos fuerzan a elegir caminos alternativos.

El desarrollo de las nuevas tecnologías como la inteligencia artificial, la universalidad y la mejora de la educación, las dificultades del mercado de trabajo y un cambio de mentalidad fruto de la relación cultural y económica con entornos más emprendedores han propiciado que muchas personas, independientemente de su grado de formación, quieran apostar por su proyecto personal. Ya no sólo aspiran a desarrollarse como profesionales en una compañía ni a heredar la empresa familiar, sino que hacer realidad un proceso emprendedor ahora también forma parte de sus opciones de futuro.

Los dilemas del emprendedor

Ante la decisión de emprender, tarde o temprano, todos tendremos que hacer frente a estos diez dilemas:

- Primer dilema: ¿trabajar por cuenta ajena o emprender?
- Segundo dilema: ¿emprender solo o con socios?
- Tercer dilema: ¿crecimiento o control?
- Cuarto dilema: ¿crear una necesidad o atender una necesidad que ya exista?
- Quinto dilema: ¿observar o probar?
- Sexto dilema: ¿B2C o B2B?
- Séptimo dilema: ¿cuándo lanzar?, ¿mejor hacerlo ahora o esperar?
- Octavo dilema: ¿deuda o capital?
- Noveno dilema: ¿subcontratación de tecnología o desarrollo interno?
- Décimo dilema: ¿con qué fuente de financiación privada crecer?

Ahora bien, a la hora de emprender, todos nos enfrentamos al miedo al fracaso. Un miedo que tiene dos vertientes, una interior y otra exterior, porque tememos lo que los demás puedan pensar de nosotros. Obviar esto es un error, porque todos valoramos mucho lo que los demás piensan de nosotros. Creo que la clave radica en tomar en consideración lo que piensan las personas que entienden, por su experiencia profesional o por sus conocimientos. El camino emprendedor no será, por su propia naturaleza, una sucesión de éxitos, pues a eso se lo llama *suerte*. Con toda seguridad, será una aventura llena de errores, equivocaciones y con algunos aciertos. Lo que conocemos como *trabajo*.

Por qué emprender

Los deportistas de élite, antes de enfrentarse a la competición, imaginan cómo van a ganar. Proyectarse en situaciones futuras es una parte importante de su entrenamiento y les ayuda a tomar decisiones hoy que, adecuadas o erróneas, son ineludibles.

A la mayoría de las personas que me consultan sobre si deberían o no emprender, les aconsejo que practiquen un ejercicio de proyección. Les pido que imaginen cómo les gustaría verse al final de su vida profesional.

Yo me imagino por la mañana, en un baño en el que entra mucha luz. Mientras me afeito escucho los ruidos de mis nietos a través de las paredes y reflexiono sobre mi vida profesional, sobre el ejemplo que quiero ser para mis hijos, para mi mujer, para esos nietos que juegan al otro lado de la pared. La pregunta que me hago entonces es: ¿qué me hace feliz y qué es el éxito para mí? Me la hago independientemente de las consecuencias de carácter financiero a corto y largo plazo. Y ésta es la pregunta que hago a estas personas que vienen a compartir conmigo sus dudas sobre el emprendimiento: ¿qué prefieres, no triunfar, pero haberlo intentado, o no intentarlo y tener una carrera exitosa en una corporación? La respuesta a este ejercicio de proyección es muy reveladora en cuanto a nuestras aspiraciones y cómo afrontamos estos miedos.

Ninguno de los diez dilemas a los que cualquier emprendedor debe enfrentarse tiene una respuesta única y adecuada. Según mi experiencia, cuando la motivación de los emprendedores es sólo la rentabilidad económica a corto plazo, no tienen éxito. Cada persona debe encontrar la respuesta en su yo más íntimo, y engañarse le colocaría en una posición equivocada. Yo no puedo decirles cuál es la respuesta adecuada, pero lo que sí puedo hacer es explicarles lo que se van a encontrar si deciden apostar por un proyecto emprendedor en vez de escoger la seguridad (a corto plazo) de una vida profesional trabajando por cuenta ajena.

Primer dilema: ¿trabajar por cuenta ajena o emprender?

Ésta es la primera decisión que debes tomar al plantearte la posibilidad de poner en marcha, como una opción de futuro, un proceso emprendedor. Así como en el resto de los dilemas que encontrarás, las decisiones van a depender en gran medida de cuestiones mensurables. En este caso, las circunstancias personales y la carga emocional serán los parámetros de los que dependerá, en gran medida, el camino que elijas.

A continuación, encontrarás las preguntas más frecuentes que te plantearás si estás dispuesto a iniciar un proyecto emprendedor pero todavía no te has decidido a hacerlo.

Pregunta 1. ¿Cuáles serán las consecuencias si tomo la decisión de emprender?

Por regla general, vas a trabajar más. Vas a ganar menos dinero del que ganabas o no ganarás nada, al menos durante el inicio del proceso. Como consecuencia de la incertidumbre, dormirás poco y mal. Y nadie sabe durante cuánto tiempo vas a tener que sufrir estas consecuencias.

Ser emprendedor cambia la vida tan radicalmente que se debe meditar mucho sobre las motivaciones personales antes de dar el paso. Este cambio de vida afectará también a tu entorno familiar más cercano, así que siempre recomiendo compartir y consensuar esta decisión. Este primer dilema, aparentemente sencillo, puede que sea el más difícil porque implica cuestiones de índole personal. Yo tuve que enfrentarme a este dilema en su día. Tenía un proyecto, pero tenía un buen trabajo. Consulté la decisión con mi entorno familiar. Pensé en las cosas que verdaderamente eran importantes para mí. Si lo que me importaba era la seguridad y ganar dinero a corto plazo, emprender no sería el camino adecuado. Si por el contrario me interesaba más mi libertad y aportar mi granito de arena para cambiar las cosas, asumiendo que fuese a costa de tener más responsabilidades y correr más riesgos, tenía que intentar sacar adelante mi proyecto.

Pregunta 2. ¿Cuál es el momento ideal para poner en marcha mi proyecto emprendedor?

No hay un momento perfecto, lo que cambian son las circunstancias. La búsqueda del momento perfecto es, en muchos casos, una forma de posponer indefinidamente una decisión que te da miedo afrontar.

Antes de tomar tu decisión, analiza los pros y contras y organízalos según sean tus circunstancias. La casuística es muy variada y compleja, pero sea cual sea tu decisión, lo que sí te puedo asegurar es que el emprendimiento no es un camino de rosas. Llegado el momento, no es fácil decidir entre la seguridad a corto plazo y la incertidumbre. Tanto es así que muchas personas lo retrasan con excusas tales como que es mejor esperar a que las despidan, que la situación actual no es la más adecuada o que es mejor esperar hasta que haya nacido el hijo que esperan..., pero suelen ser argumentos para justificar el miedo a decidir.

Pregunta 3. ¿Cómo puedo reducir la incertidumbre?

Puedes reducir la incertidumbre si sustituyes las hipótesis no verificadas que respaldan tu proyecto por información contrastada con datos reales. Por ejemplo, afirmar que nuestra bebida es revolucionaria porque su sabor es diferente al de cualquier otra bebida, y que por esa razón se va a vender muy bien, es una afirmación subjetiva que no está basada en ningún dato. Si testásemos la bebida con cien personas y les pidiésemos su opinión sobre el sabor, su satisfacción o sus ganas de volver a probarla, empezaríamos a tener información contrastada.

Cualquier idea se sustenta sobre datos que parten de la observación: eso son las hipótesis, pero sólo podrás validarlas si las pones en práctica. Tienes que echar a andar. La diferencia entre una idea de negocio y un negocio es empezar.

Pregunta 4. ¿Qué formación debo tener si quiero emprender?

No existe la formación más adecuada en términos absolutos, pero sí en términos relativos. El tipo y grado de formación depende de las aspiraciones. La formación aporta conocimiento y, en la mayoría de los casos, una red de contactos, pero está comprobado que no es necesario haber estudiado un máster o un doctorado para emprender. Sin embargo, estudiar te cualifica y te hace más competente. No necesitas saber hacer *pizza* para abrir una pizzería, pero si sabes hacerlas, aumentan tus probabilidades de éxito.

Es verdad que están mejor preparados para montar grandes empresas los emprendedores mejor formados, pero eso no significa que quienes no tengan esa formación no tendrán éxito en su proyecto emprendedor. El emprendimiento también es un camino de aprendizaje. No se trata de estudiar y a continuación emprender, sino que aprendemos a medida que nuestra empresa crece. Todos estamos capacitados para emprender, pero emprender no es una actividad para cualquiera.

Pregunta 5. ¿Cuál es la edad ideal para emprender?

El emprendimiento no entiende de edades. No hay límites de edad, de formación, de género o de religión. Aunque no es lo mismo emprender a los veinte años que hacerlo a los sesenta, las oportunidades son las mismas para cualquiera, lo único que cambia es el camino para elegir. Una persona recién licenciada sin ofertas de trabajo no se enfrenta a este dilema de la misma manera que lo hace alguien que tiene que decidir entre dejar o no un puesto que le han ofrecido, o una persona de más edad que se está planteando un cambio radical de vida y poner en marcha su proyecto personal, o alguien a quien han despedido y se encuentra con la vía del emprendimiento como una posibilidad de continuar su vida laboral. Las personas tenemos diferentes grados y tipos de formación y una variedad de personalidades con diversas maneras de entender la vida. Todos estos parámetros de índole personal debes tenerlos en cuenta a la hora de sopesar los pros y contras, pero no hay una decisión correcta, sino un repertorio de posibilidades que se ajustan a cada circunstancia.

Pregunta 6. ¿La juventud es una ventaja a la hora de emprender?

La juventud puede suponer una ventaja para algunas cosas y una desventaja para otras. Las personas más jóvenes disponen de dos herramientas que pueden ser muy eficaces para poner en marcha un proceso emprendedor: energía inagotable y bajo coste de oportunidad (sobre este término hablaremos en el capítulo cinco y en el glosario complementario). Gracias a su juventud no tienen mucho que perder, poner en riesgo su nivel de vida no entra en esta ecuación porque todavía no han alcanzado un nivel de vida que arriesgar y tienen mucho tiempo por delante para equivocarse y rectificar.

No se trata de que sea más o menos fácil tomar esta decisión cuando se es joven, sino de que alguien joven pondrá en la balanza sus propias condiciones. Sin embargo, la juventud también puede ser un arma de doble filo. Las personas jóvenes suplen su falta de experiencia con la información que reciben del exterior. Esto suele ser engañoso y puede llevar a pensar que basta con hacer algo innovador para tener éxito.

Por ejemplo, algunos ingenieros, con formación de base tecnológica o científica, dominan el medio en el que se desarrollan gran parte de los proyectos emprendedores más atractivos y suelen confiar a la tecnología el éxito de su empresa. Sabemos que esto es un error. De ser así, probablemente, la tecnología Betacam se habría impuesto al VHS, y quizá Microsoft no sería el sistema operativo que más utilizamos en el mundo.

Se podría pensar que una persona joven tiene más posibilidades de recuperarse de un fracaso. Lo que tiene es más tiempo, ¿pero tendrá el carácter o las ganas de volver a intentarlo? Cuando somos jóvenes tenemos más tiempo, pero también corremos más riesgo de equivocarnos por la falta de experiencia.

Pregunta 7. ¿Puede mi experiencia profesional previa en empresa perjudicarme de alguna manera?

Cuando un profesional exitoso se enfrenta al dilema de emprender, habitualmente tiene que hacerlo con poca información, en la incertidumbre y con la única certeza de que muchas de las hipótesis que se le presenten serán falsas, y esto es algo a lo que no estamos acostumbrados.

Si aplicas a tu carrera como emprendedor los mismos criterios que has aplicado a tu carrera como profesional por cuenta ajena, no vas a tener éxito. Una de las características de una carrera corporativa es tomar decisiones que no generan rechazo entre nuestros clientes, jefes o colaboradores. Si huyes de la equivocación en un proyecto emprendedor, te quedarás en la superficie de la oportunidad del negocio. La única forma de que alcances el éxito con tu proyecto emprendedor es enfrentándote a que te digan que no.

El caso de Alejandra

Hace tiempo tuve una alumna. Se llamaba Alejandra y tenía veintiocho años. Después de una carrera exitosa en la industria de la moda, decidió estudiar un MBA. Aquéllos fueron dos años de crecimiento profesional importante, así que le sobraban las ofertas de trabajo.

Desde hacía tiempo, Alejandra tenía la idea de lanzar en España un servicio de belleza a través de una aplicación móvil. El modelo funcionaba con éxito en Estados Unidos y Brasil, y los datos iniciales indicaban que el proyecto podía funcionar, así que me pidió consejo sobre lo que debería hacer.

Le dije que era una decisión muy personal y que yo no podía responderle «sí» o «no», pero que estaba en su mejor momento y eso debería aprovecharlo. Llevaba dieciocho meses viviendo en un apartamento compartido para reducir gastos, así que, a corto plazo, su situación no iba a cambiar y, al menos, ya estaba acostumbrada. Su coste de oportunidad era mínimo y, en el caso de que no tuviese éxito, lo aprendido en el proceso le serviría independientemente de lo que decidiese hacer después.

Si tienes la oportunidad de perseguir tus aspiraciones de libertad y de impacto en la sociedad, no veo dónde está el riesgo.

Segundo dilema: ¿emprender solo o con socios?

Si te haces esta pregunta es porque ya te has decidido a emprender. Éste es un momento delicado porque la seguridad que te ha llevado a tomar esa primera decisión puede provocar un estado de euforia que te haga caer en el error de sentirte tan seguro de ti mismo como para afirmar, sin duda, que puedes enfrentarte tú solo a todo y sacar adelante cualquier proyecto sin la ayuda de nadie más. No dejes que la emoción decida si debes emprender solo o buscar socios. Medita sobre el objetivo que te has marcado y sobre la idea de negocio que vas a poner en marcha, y toma una decisión razonada.

Hay muchos tipos de socios: financieros, operativos, estratégicos. Hablaremos de ello más adelante. Ahora nos vamos a referir a socios cofundadores. Las personas con las que vas a lanzar tu proyecto.

Éstas son las preguntas más frecuentes que te vas a plantear a la hora de poner en marcha un proyecto emprendedor cuando no sabes si hacerlo solo o formar un equipo cofundador.

Pregunta 1. ¿Cómo puedo saber si necesito o no socios para desarrollar mi proyecto?

Para resolver esta duda, primero tienes que preguntarte a ti mismo cuál es la motivación que te ha llevado a emprender. Si lo único que buscas es libertad a la hora de tomar decisiones, no es necesario que busques socios. Por ejemplo, los artesanos practican su oficio en solitario y yo los considero también como emprendedores. Si lo que quieres es crear una empresa con un impacto importante en la sociedad y un crecimiento elevado, hacerlo solo es engañarte a ti mismo. Ninguno de los grandes emprendedores que conocemos ha conseguido el éxito solo, todos han formado un equipo cofundador. Si hay un aspecto importante que ayuda a conseguir el éxito emprendedor es la capacidad de formar estos equipos. Piensa también en tus aspiraciones de crecimiento. Si lo haces solo, vas a tener más control sobre las decisiones y, a corto plazo, serás más rápido en el momento de tomarlas, pero a la larga te llevará mucho más tiempo alcanzar tus objetivos. Nadie es capaz de controlar todas las dinámicas ni posee todos los conocimientos que son necesarios para la gestión de una empresa con un alto potencial de crecimiento. Es muy difícil poner en pie un proyecto de emprendimiento en solitario. Tienes que tomar infinidad de decisiones sobre estrategia, sobre aspectos financieros, sobre marketing, sobre gestión..., y no sólo es muy difícil hacerlo sin socios, sino que cometerás muchos más errores. El camino del emprendedor ya es lo bastante solitario como para no compartir tus retos y dificultades con otras personas.

Pregunta 2. ¿Qué proyectos recomiendas emprender solo y para cuáles recomiendas buscar socios?

No es lo mismo una empresa de servicios que una de producto. Si vas a dar un servicio que conlleva un intercambio transaccional en cada operación, no necesitas ayuda financiera, lo puedes hacer solo. Si la idea de empresa que tienes en la cabeza no va a generar, a corto plazo, transacciones económicas en cada operación, sino que tu objetivo es tener impacto y crecimiento, no lo hagas solo, porque tardarás mucho en conseguirlo o no lo conseguirás nunca. Si lo haces solo no vas a poder competir con otros que lo hagan en equipo, porque serán más rápidos y competitivos que tú.

Pregunta 3. ¿Y si emprendo en solitario para mantener el control sobre el proyecto?

Hazlo solo, pero no te propongas unos objetivos que no podrás alcanzar si no es con la ayuda de otros. Ten en cuenta que tus recursos están limitados por el tiempo y por tu conocimiento. Emprender es una combinación de dos parámetros: el tiempo que tardas en llevarlo a cabo y la curva de aprendizaje. Las capacidades que no tengas tendrás que aprenderlas o buscarlas en otras personas.

Me gusta explicarlo de la siguiente manera... Hay muchos tipos de emprendedores, pero podemos hacer dos grandes grupos: los que hacen, a los que yo llamo artesanos; y los gestores, los que coordinan equipos. Si tú aspiras a estar en el grupo de los artesanos, te doy el consejo que me dio mi padre: «Cuando quieras montar una empresa, asegúrate de que el número de socios sea impar, pero ten en cuenta que tres son muchos». Por el contrario, si tu aspiración es crear una gran empresa y convertirte en empresario después de haber empezado como emprendedor, hazlo con un equipo de socios cofundadores, pues llegarás más lejos.

Pregunta 4. ¿Y si no tengo otro remedio que hacerlo solo porque no he encontrado a nadie para formar equipo?

Eso no es una buena noticia. Que nadie quiera formar parte de tu equipo es un síntoma de que algo no está bien planteado y genera dudas sobre tu capacidad como líder, para coordinar equipos y para trabajar en equipo. Si no consigues seducir a nadie en este momento, es muy posible que tampoco consigas seducir a tus consumidores más adelante. Quizá deberías replantear tu proyecto y volver al primer dilema.

Pregunta 5. ¿Qué perfiles son los más adecuados para formar el equipo fundador?

Lo primero que tienes que asumir es que no vas a encontrar el equipo perfecto para empezar tu proyecto. Lo más probable es que sean amigos o colegas de trabajo quienes estén disponibles en este primer momento. No vas a poder cubrir la experiencia en producto, tecnología, marketing, gestión, ventas y finanzas necesarias para el crecimiento. Las fases por las que deberá pasar tu negocio son tres: empezar, crecer y escalar. Los perfiles necesarios para acometer cada una de estas fases con garantías de éxito son muy diferentes. No asumas que tienes un equipo perfecto para empezar a crecer y después escalar. Lo mejor que puedes hacer desde el principio, cuando consigues reunir un equipo, es asumir que sois buenos para empezar, pero que os faltan algunas habilidades para crecer y escalar, así que la financiación que vais a conseguir, o una parte de ésta, estará dedicada a contratar dichas habilidades.

Pregunta 6. ¿Es buena idea empezar un negocio con amigos y familiares?

Más de la mitad de los nuevos negocios se empiezan con amigos o familiares. Hay una larga lista de casos de éxito de empresas familiares. Sin embargo, la cercanía personal, paradójicamente, desemboca en una falta de transparencia al no plantear en el momento adecuado los problemas que se detectan. Por no herir a personas cercanas aplazamos enfrentamientos inevitables, lo que genera fricciones y conlleva un alto coste emocional.

Las razones más importantes por las que escogemos a un amigo o un familiar para empezar un negocio suelen ser la confianza que se percibe, la cercanía y la facilidad. Pero ninguna de estas razones garantiza cumplir con el objetivo más importante: buscar a los mejores socios.

Si tenemos en cuenta que nuestras posibilidades de éxito aumentan si nos unimos a los mejores talentos y a los que mejor complementan nuestras habilidades, debemos admitir que la probabilidad de encontrarlos entre nuestra familia y amistades es baja o muy baja.

Pregunta 7. ¿Cuándo sabré que tengo el equipo adecuado para empezar con garantías de éxito?

Nunca. Tienes que dejar de buscar una solución como si esto se tratase de un ejercicio de matemáticas con una sola respuesta posible. Siempre vas a escuchar que necesitas un equipo que cubra todas las habilidades, con intereses alineados y que comparta la misma visión que tú. Esto es cierto, cuanto más completo y compenetrado esté el equipo, mejor, pero no es suficiente.

Ya hemos hablado de las motivaciones personales que nos mueven a iniciar un proyecto emprendedor. Esas motivaciones personales deben ser las mismas en el resto de las personas que formen el equipo. Lo más importante a la hora de formar una nueva empresa es la buena fe, la transparencia y la honestidad, pero esto no lo descubrimos hasta que aparecen las dificultades y reconocemos que no nos llevamos bien con las personas con las que trabajamos todos los días y compartimos un riesgo financiero.

Se tarda un segundo en tomar una mala decisión y puede llevar toda la vida solucionar el problema creado por esa mala decisión. Cuando estés delante de una persona a la que evalúas para formar parte del equipo, además de las habilidades que necesites completar para iniciar tu proyecto, déjate llevar por tu intuición y pregúntate si quieres trabajar con ella los próximos diez años.

Pregunta 8. ¿Cómo recomiendas que los miembros del equipo fundador participen en la empresa?

Recomiendo que sea como socios con acciones ordinarias emitidas en el momento de la creación de la empresa. Es la única manera de que se sientan parte del proyecto, y vas a necesitar toda su energía y su talento para alcanzar tus objetivos.

Una *start-up* tiene características importantes que afectan a su competitividad en el mercado laboral. En sus fases iniciales no puede pagar salarios competitivos. Nadie conoce todavía vuestra empresa. No es capaz de asegurar el empleo de sus trabajadores. Y no puede mantener un equilibrio razonable entre vida laboral y personal porque hay que trabajar sin horario. Si tenemos esto en cuenta, la única manera de formar un equipo alineado y comprometido es compartir visión y propiedad.

El caso de Ander

Ander quería crear una red social disruptiva. Su proyecto se basaba en la *blockchain* y en unos procesos descentralizados y trazables para verificar los contenidos. Estaba seguro de que su propuesta era revolucionaria, pero estaba solo. Le pregunté por qué estaba solo y me respondió que no encontraba a nadie que compartiese su visión y que, de momento al menos, no quería ceder participación en la empresa para no diluirse.

Desde mi punto de vista de inversor, ambas razones son problemáticas. Le dije que, si no eres capaz de persuadir de su visión a otras personas y no estás dispuesto a compartir la propiedad, el problema no es el proyecto sino el emprendedor. Probablemente, Ander perseguía un imposible: control y crecimiento. El caso es que no invertí, y el proyecto nunca arrancó.

Tercer dilema: ¿crecimiento o control?

Una empresa crece cuando la facturación crece mes a mes de manera constante. Para que este crecimiento sea rápido y exponencial, es imprescindible atraer inversores en las etapas iniciales de desarrollo del negocio. Sólo hay dos posibles fuentes de financiación: los beneficios o el capital externo. Si la empresa, en estas primeras etapas, no genera ingresos suficientes como para cubrir costes y dedicar el beneficio al crecimiento, que es lo más habitual, sólo queda la segunda opción. Tendrás que buscar el dinero en los bancos, y endeudarte, o en inversores a cambio de acciones. Cuando cedes acciones, empiezas a ceder una parte del control. Ya no podrás tomar decisiones de manera unilateral sin consensuarlas (informando, reportando, comunicando, etcétera) con tus socios. Éste es uno de los grandes dilemas del emprendimiento, porque crecer exponencialmente sin ceder parte del control es un sueño casi irrealizable.

¿Qué es más importante para ti, crecer rápido o mantener todo el control?

Muy pocas personas son capaces de levantar imperios corporativos y mantener el control. El propio Steve Jobs fue apartado de Apple en 1985. Pero no es imposible hacerlo. Elon Musk, Mark Zuckerberg o Juan Roig lo han conseguido y pueden ser un ejemplo para cualquier emprendedor, pero debes ser consciente de que es un sueño que casi nunca se cumple.

Éstas son las preguntas más frecuentes que te plantearás cuando estés listo para poner en marcha tu proyecto emprendedor, pero no acabes de decidir entre dar prioridad al crecimiento o al control.

Pregunta 1. ¿Qué debo considerar que es más importante, el crecimiento o el control?

Tú, como emprendedor, debes decidir qué es lo más importante. Yo, como inversor, invierto en el crecimiento, no en el hecho de que tú tengas control. Lo que yo quiero ver es un plan y una oportunidad de negocio que pueda crecer para que también crezca mi inversión. Y lo que sí querré es influencia sobre esa inversión que voy a hacer en tu empresa. Invertir y no querer ningún tipo de derecho sobre la inversión es filantropía.

Pregunta 2. ¿Hay distintos modelos de negocio según me interese crecer o mantener el control?

Modelos de negocio basados en servicios transaccionales, como un despacho de abogados, te pueden ayudar a no perder el control, porque generan ingresos muy pronto y, habitualmente, no necesitan una inversión importante.

Si tu modelo de negocio depende de la creación de un producto, a no ser que tengas suficiente capital propio, vas a necesitar inversores durante la fase de desarrollo del producto porque no vas a tener ingresos y esto implica que cedas un poco de control a cambio de tener unas mayores perspectivas de crecimiento.

Pregunta 3. ¿Puede ser peligroso crecer sin el control total de mi sociedad?

No es que sea peligroso, es que es inevitable. Si quieres crecer exponencialmente tienes que compartir el accionariado. Asume esto lo antes posible por el bien de tu proyecto.

Pregunta 4. ¿Aspirar a mantener todo el control puede frenar el crecimiento?

Claro. Si tú quieres crecer deprisa, lo más habitual es que no puedas hacerlo con el dinero de las operaciones que genera tu negocio. Puedes destinar el dinero que te quede después de restar los costes de los ingresos y así no recurrir a inversores para crecer, pero estarás frenando tus posibilidades de crecimiento.

Pregunta 5. ¿Y no podría acudir a los bancos para crecer con deuda y así no ceder participaciones?

Por supuesto, pero no te equivoques. Los bancos buscan clientes que cumplan dos condiciones que no cumple ningún proyecto emprendedor: tres años de cuentas auditadas y seguridad de ingresos futuros que garanticen el pago de, al menos, los intereses del préstamo. La realidad es que no vas a tener más remedio que ceder una parte del control a inversores si aspiras a conseguir un fuerte crecimiento de tu empresa.

El caso de Pedro

Hace algunos años, Pedro lanzó un servicio de comida a domicilio. Empezó en España y ha llegado a implantar su empresa en veinte países. Sin duda es un gran éxito emprendedor, y es una de las primeras empresas españolas en alcanzar el estatuto de «unicornio». A pesar de que Pedro hubiese querido controlar absolutamente su empresa durante muchos años, fue comprada recientemente por otra empresa de la misma industria, porque sus accionistas, que habían entrado en el capital tras varias rondas de financiación consecutivas, prefirieron vender. Pedro había perdido el control porque el modelo de crecimiento de su negocio necesitaba importantes sumas de capital de los inversores, cuyos intereses y ambiciones eran diferentes a los suyos.

No pretendo hacerte ver que hay una postura buena y otra mala en este caso, sino que veas las consecuencias que tendrás que aceptar dependiendo de si le das más importancia al crecimiento o al control en tu empresa.

Cuarto dilema: ¿crear una necesidad o atender una necesidad que ya exista?

Crear la necesidad o satisfacerla es un dilema muy común al que te enfrentarás como emprendedor. Para crear necesidad tienes que provocar la demanda de tu producto o servicio, para lo cual debes educar a tu cliente, porque todavía no sabe que lo necesita, pero estás seguro de que sus bondades lo convencerán. Para satisfacer una necesidad insatisfecha, primero debes identificarla, y después debes aprovechar esa oportunidad.

Dos son las razones principales por las que surge este dilema: por la confusión que han generado el marketing y los gurús del emprendimiento, que hablan de innovación en productos como si fuese el alfa y el omega del éxito emprendedor; y por la comparación errónea que se suele hacer entre tendencias (la *blockchain*, los tokens no fungibles, la inteligencia artificial, etcétera) y oportunidades de negocio. Como emprendedor, debes evitar la tentación de justificar las pocas ventas de tu producto o servicio por el hecho de que todavía no está creada la necesidad o porque los clientes están equivocados y no entienden.

Éstas son las preguntas más frecuentes que te surgirán al iniciar tu proyecto emprendedor en relación con las necesidades de tus clientes potenciales.

Pregunta 1. ¿Puedo crear una necesidad?

Para crear una necesidad en el mercado y convencer a tus clientes de cambiar sus hábitos por otros diferentes e innovadores que les hace una empresa desconocida necesitas dos variables de las que, habitualmente, careces: tiempo y dinero.

Yo creo que más que crear una necesidad inexistente deberías esforzarte en identificar una necesidad que ya exista y que no esté satisfecha.

Pregunta 2. ¿Cómo se identifica una necesidad insatisfecha?

Se identifica hablando con los clientes potenciales de tu servicio o producto. Una nueva oportunidad de negocio se basa en un sinfín de hipótesis que debes verificar. Dos de estas hipótesis están en el inicio de cualquier proyecto emprendedor y son las que primero debes comprobar: la primera es «lo puedo hacer o soy capaz de reunir al equipo que lo puede hacer»; y la segunda es si «hay mercado suficiente para implantar el negocio».

No se trata de inventarte lo que tus clientes necesitan desde tu punto de vista, sino de que entiendas sus necesidades y diseñes una propuesta de valor atractiva para ellos.

Pregunta 3. Pero Henry Ford dijo una vez: «Si les hubiese preguntado a los clientes lo que querían, me habrían dicho que un caballo más rápido». ¿Acaso la gente no sabe lo que quiere hasta que se lo demuestras?

Eso es cierto, pero es sólo una cuestión de vocabulario. Y son muchas las confusiones que se generan por razones como ésta. Nadie en aquel entonces necesitaba tener un coche, pero sí necesitaba moverse más deprisa. Henry Ford encontró la manera de atender esa necesidad, no intentaba crear una nueva.

Lo importante es que entiendas que, ya que tu tiempo y tus recursos económicos son limitados, debes diseñar una propuesta de valor que sea acorde a los medios de que dispones. Piensa que el primer coche de Ford no fue el Ford T y que el primer Tesla tan sólo era un chasis de Lotus cargado con baterías de yates.

Pregunta 4. ¿Cómo puedo saber si mis clientes potenciales tienen una necesidad latente? ¿Qué características tienen esos clientes?

No se trata de evangelizar a un mercado potencial que necesita tu producto, sino de hacérselo llegar a quienes realmente lo necesitan. Éste es un perfil fácil de identificar, porque ya saben que tienen una necesidad y han buscado la manera de satisfacerla, aunque no la hayan encontrado y, lo que es más importante, están dispuestos a destinar un presupuesto a ello: son tus clientes pioneros.

Pregunta 5. ¿Dónde puedo encontrar a esos clientes pioneros?

Búscalos donde se reúnen, ya sea el mundo real o digital. El primer Tesla se diseñó para las personas que vivían en California porque hacían viajes cortos regularmente, tenían un alto poder adquisitivo y gran preocupación por el medioambiente. No era un coche pensado para cualquiera.

Todos somos frikis de algo. Busca a tus frikis. Yo soy un fanático de las zapatillas de *running*. Conozco todas las marcas y estoy al tanto de las novedades. Sin embargo, soy el último en enterarme de cuál es la última aplicación de citas que ha salido. Es cuestión de intereses y prioridades.

Interactúa con las personas que podrían estar interesadas en que mejores sus vidas. Dirígete a ellas, no a todo el mundo. Eso llegará después si has conseguido conectar con tu primer nicho de mercado.

El caso de Cristina

Cristina quería lanzar una nueva línea de ropa confeccionada con textiles provenientes de productos reciclados, con prendas producidas localmente, un diseño *lifestyle* y a precios asequibles. Pensaba que lanzar muchos productos desde el principio le daría impacto y una potente imagen, con la certeza de que el mercado necesitaba una marca así porque no existía ninguna y cada vez más gente se preocupaba por seguir las tendencias de quienes quieren asegurar una producción sostenible.

El proyecto de Cristina no triunfó en su fase inicial porque «la gente» no existe, existen las personas. Cada una con sus características. Un nuevo producto no vende a mil clientes de golpe, vende de uno a uno hasta llegar a mil. Cuando Cristina decidió enfocarse a una tendencia no general, desarrolló un producto específico (pantalones efecto Denim) para clientes específicos (mujeres con poder adquisitivo medio-alto, interesadas en la moda y preocupadas por el medioambiente), despegó.

No puedes empezar ganando 1 millón de euros al año ni con cien mil seguidores en tus redes sociales. Como no tienes todas las respuestas, empieza atendiendo las necesidades específicas de clientes segmentados.

Quinto dilema: ¿observar o probar?

Cuando te encuentres ante este dilema podrías pensar que se trata de ser cauto o ser valiente. Ambas posturas tienen su razón de ser, sus ventajas y sus consecuencias. Por observación entendemos cualquier actividad que nos permita entender mejor nuestro mercado o las necesidades de nuestros clientes potenciales, sin exponerlos realmente a nuestra propuesta de valor. Por el contrario, probar es poner el producto o servicio en manos de nuestros usuarios y evaluar sobre el terreno nuestra propuesta de valor. Probar es verificar de manera fehaciente nuestras hipótesis.

Charles Darwin embarcó en el *Beagle* y dedicó cinco años a dar la vuelta al mundo y a observar. Con todas esas observaciones ideó la teoría de la evolución de las especies. Pasteur, sin embargo, hizo todos sus descubrimientos sobre vacunas a través de la experiencia. Puso a prueba sus hipótesis.

Durante muchos años el ecosistema emprendedor se ha basado en la observación y en el diseño de un abultado plan de negocio con muchas proyecciones. Así fue hasta que Eric Ries, alumno de Steve Blank y creador del método «Lean Start-up» en 2008, revolucionó este enfoque y puso en valor la experiencia frente a la observación. Según Ries, una *start-up*, independientemente de la estructura que la soporte, siempre crea algo nuevo, un producto o un servicio, bajo condiciones de incertidumbre. Su método propone una utilización más eficiente del capital y de la creatividad de las personas para acortar el ciclo de desarrollo del producto o servicio y poner a prueba de forma continua las hipótesis de sus creadores.

Éstas son las preguntas más frecuentes que te plantearás cuando te debatas entre la postura aparentemente más prudente de la observación y la aparentemente más audaz de la prueba.

Pregunta 1. ¿Es mejor esperar y observar o es preferible no dejar que pase una oportunidad y probar?

No son posturas excluyentes sino complementarias. El éxito del emprendimiento radica tanto en la observación como en la prueba. Si pruebas sin haber observado previamente, te arriesgas a cometer más equivocaciones que si lo haces después de haber limitado el universo de posibilidades de tu negocio gracias a la observación.

En el momento de lanzar un negocio, la certeza de que vamos a tener éxito se sustenta en una larga lista de hipótesis que no hemos verificado. Gracias a la observación, podemos intuir que resolveremos las dos primeras hipótesis de esa larga lista: soy capaz de diseñar una propuesta de valor y hay suficientes usuarios potenciales interesados en ella como para lanzarla al mercado, pero no tenemos pruebas de ello.

Pregunta 2. ¿Qué es más importante, la observación o la prueba?

La observación te dará ideas y te mostrará indicios. Cuanto más observes, más datos tendrás para evaluar tu estrategia, pero la observación nunca reemplazará a la prueba. La prueba es más concluyente en cuanto a que te ofrece más respuestas definitivas. Es la señal que te indicará si tu observación ha sido la adecuada. Haz ambas cosas, observa y experimenta, pero recuerda que probar es la manera de demostrar que la observación fue correcta.

Pregunta 3. ¿Qué es primero, la prueba o la observación?

Primero observa y después pon a prueba lo que has observado. Cuando lo hayas hecho, repite el proceso.

Es muy importante pensar bien la manera en la que planteas

las preguntas en la observación. Si hicieses una encuesta en la que vas a preguntar a tus clientes potenciales si utilizarían un producto o servicio barato, accesible y que resolviese su necesidad, todas las respuestas serían afirmativas y deducirías que el mercado necesita tu producto, pero eso no sería cierto.

Un plan de negocio basado únicamente en observaciones y sin pruebas es un documento inútil.

Pregunta 4. ¿Cuándo puedo dar por terminada la observación para empezar con la prueba?

No existe el momento adecuado. Nunca vas a tener el conocimiento suficiente para eliminar la incertidumbre inherente a las fases iniciales del emprendimiento. Es un proceso constante e iterativo.

El caso de Arturo

Arturo llevaba muchos años trabajando en una consultoría estratégica enfocado a la industria de la salud. Su experiencia y la observación le permitieron detectar ciertas necesidades de gestión de datos en los hospitales. Desarrolló un software por su lado, persuadido de que conocía suficientemente bien las necesidades de sus clientes potenciales para venderlo con éxito. Cuando empezó su labor comercial, se dio cuenta de tres cuestiones importantes que no podía haber anticipado con la observación: no entendía bien el proceso de adquisición de nuevos proveedores en los hospitales, su producto era demasiado generalista y, por último, era demasiado caro. Arturo tuvo que cambiar muchas características de su producto en colaboración con sus clientes potenciales antes de tener éxito.

Observar te da indicios. Probar te da certezas. ¿Qué es lo que prefieres?

Sexto dilema: ¿B2B o B2C?

B2C es la abreviatura de *business to consumer*, y se refiere a negocios que venden su servicio o producto al usuario final que lo consume, mientras que los negocios B2B, que es la abreviatura de *business to business*, venden a otros negocios.

En muchos casos, las ideas de negocio que se nos ocurren son B2C porque, como consumidores, identificamos necesidades de manera natural en nosotros mismos, servicios que echamos en falta y que nos harían la vida más fácil si existiesen o que resolverían problemas que detectamos.

Éstas son las preguntas más frecuentes que te plantearás si aún no has decidido quiénes serán tus clientes: los consumidores o las empresas.

Pregunta 1. ¿Qué es más conveniente, crear una empresa B2B o B2C?

No tengo una respuesta concreta para esta pregunta. Tú debes decidir en función de cuáles sean tus aspiraciones y tus conocimientos. Un mismo producto o servicio puede ser B2C o B2B: una nueva bebida podrías vendérsela a los consumidores finales en un *e-commerce* (B2C) o se la podrías vender a una empresa productora (B2B) a un distribuidor (B2B2C). Lo que cambia es la estrategia de venta.

Pregunta 2. ¿Quiénes son mejores clientes, los consumidores o las empresas?

No son mejores ni peores unos que otros, pero son diferentes. En B2B, el proceso de adquisición es más racional y largo, al fin y al cabo, se trata de acuerdos entre empresas que tienen que cumplir sus procesos y protocolos. Además, los volúmenes de negocio suelen ser altos. Se tienen pocos, pero de facturación alta. En B2C, el proceso es menos racional económicamente y más rápido. Se cuenta con muchos clientes, pero de facturación inferior.

Pregunta 3. ¿Cuáles son las diferencias principales entre empresas con modelos de negocio B2C o B2B?

Hay que destacar principalmente dos diferencias. En B2C, el marketing es muy importante y lidera las ventas. En B2B suele ser al revés. El precio del producto o servicio siempre es importante, pero en B2C no tiene por qué ser el criterio principal. Sin embargo, en B2B, el precio y su relación con la calidad es la base de la propuesta de valor.

Pregunta 4. Hay muchas tipologías de empresas en B2B, ¿son las pymes un mercado atractivo?

Hay que tener mucho cuidado cuando afirmamos que una *startup* vende a pequeñas y medianas empresas (pymes). La inmensa mayoría de las empresas son pymes, pero este tipo de empresas no conforman un mercado porque son muy diferentes unas de otras. Un mercado está formado por clientes que reaccionan de la misma forma ante la misma situación. Tu propuesta de valor no puede ser la misma para una empresa de construcción con cincuenta empleados, para un despacho de abogados o para una fábrica de piezas destinadas a la industria aeronáutica.

En el ecosistema B2B, el mercado se puede dividir en tres tipos de empresas con las que tendrás que actuar de forma diferente: las grandes compañías, que son pocas y con plantillas de muchos empleados; las empresas medianas, que son muchas y con casuísticas muy variopintas; y las pequeñas empresas, que pueden actuar como B2C.

El caso de Glovo

Como usuarios finales de un producto o servicio, pensamos que somos nosotros quienes lo pagamos, pero no siempre es así.

Cuanto más nos adentramos en modelos de negocio complejos, descubrimos que, a lo largo de la cadena de valor de cualquier producto o servicio, puede haber agentes más interesados en que ese negocio exista que usuarios finales interesados en que así sea. Pensemos en un negocio *last mile delivery* ('entrega de última milla'), como Glovo. Cuando llaman a la puerta de casa con la comida que hemos encargado en la aplicación, somos el usuario final. Estos negocios nacieron pensando que nosotros éramos los clientes (B2C), pero eso no es cierto. Los consumidores pagamos un porcentaje muy pequeño del servicio porque hay otros agentes en la cadena de valor que están dispuestos a compartir su margen de beneficio a cambio de que este servicio exista porque les facilita la venta de sus productos: los proveedores y restaurantes (B2B).

Resolver este dilema no es elegir entre un modelo de negocio u otro, sino detectar quiénes son tus verdaderos clientes.

Séptimo dilema: ¿cuándo lanzar?, ¿mejor hacerlo ahora o esperar?

Martin Luther King nos dejó una de esas frases inolvidables: «Siempre es el momento adecuado para hacer lo correcto». Decirlo es fácil, pero hacerlo no tanto.

Paul Graham, de Y Combinator, intenta concretar el momento adecuado para el lanzamiento cuando dice: «Si no te da un poco de vergüenza mostrar tu producto a tus primeros clientes quiere decir que ya vas tarde».

Cuando te encuentres ante este dilema, lo que realmente te estarás preguntando es cuándo será el momento adecuado para lanzar tu producto o servicio. Los perfiles de ingenieros tienden a buscar la perfección antes de lanzar el producto. Los perfiles comerciales presionan para lanzar el producto lo antes posible. La virtud, como siempre, está en encontrar el equilibrio entre esas dos posturas.

Éstas son las preguntas más frecuentes que te plantearas ante la duda de si lanzar enseguida o si es preferible esperar a estar mejor preparado.

Pregunta 1. ¿Es mejor lanzar y ser el primero o esperar y ser el mejor preparado?

A mí me gusta la idea de lanzar temprano porque, si fallas, también fallas temprano y tienes más tiempo para corregir. La respuesta tiene mucho que ver con el tipo de producto o servicio que vayas a lanzar. Si es una aplicación de citas no debería de haber muchos problemas si lanzas temprano. Sin embargo, si vas a fabricar un dispositivo de almacenamiento de datos y tienes que asegurarte de no perder información valiosa de tus clientes, o bien si quieres fabricar un nuevo submarino o un cohete para viajar al espacio, y un fallo en tu producto puede tener consecuencias fatales para los usuarios, lánzalo cuando hayas hecho todas las pruebas y estés seguro de su perfecto funcionamiento.

Lo que importa es que tu MVP (*minimum viable product*, o producto mínimo viable, lo que antes llamábamos «prototipo» o «versión beta»), es decir, la solución que propones al mercado, esté funcionando de principio a fin. Tu servicio o producto no debe tener todas las características a las cuales aspiras en el futuro (tu visión), pero sí tiene que resolver la necesidad de tu cliente objetivo. (De este tema hablaremos en profundidad en el capítulo 3.)

Pregunta 2. ¿Te parece que lanzar primero me dará una ventaja competitiva, lo que en inglés se denomina first mover advantage*?*

Ser el primero en ofrecer un producto o servicio en un mercado te hace ser único, y eso es una ventaja, pero debes manejarla con cuidado. Ser el único significa que nadie conoce lo que vas a vender, así que vas a tener que explicarlo y convencer a tus clientes, y eso lleva tiempo y cuesta dinero. Podrás mantener la ventaja de ser el primero sólo durante un tiempo porque aparecerán competidores. Para que ser el primero sea una ventaja que se mantenga el tiempo suficiente tienes que construir una marca sobre la propuesta de valor diferencial que aportas.

Pregunta 3. ¿Si lanzo demasiado pronto corro el riesgo de que el mercado perciba negativamente mi producto?

Ten en cuenta que nadie te conoce ni conoce tu producto. Tienes que lanzar algo que funcione, pero no es necesario que esperes a que sea perfecto. Lo que sí es importante es que puedas interactuar con tus usuarios y puedas mejorar con su experiencia, pero no dejes que la perfección frene tu aprendizaje. Si buscas la perfección antes de lanzar, nunca lanzarás tu producto. No confundas el perfeccionismo con la sed de perfección.

Para el lanzamiento de la versión inicial (producto mínimo viable) de tu producto o servicio, busca clientes potenciales con unas características específicas. Personas que sepas que entenderán la necesidad que quieres cubrir. Si vas a diseñar unas nuevas zapatillas superligeras, habla con atletas que corran maratones. Si vas a sacar una nueva bebida, habla con personas que alternen a menudo. Aunque aspires a que todo el mundo consuma tu producto o servicio, cualquiera no puede ser tu primer cliente. MS Word o Spotify son productos utilizados hoy por todo el mundo, pero en sus fases de lanzamiento llegaron sólo a una selección de clientes potenciales que ayudaron a sus creadores a mejorarlos.

Pregunta 4. ¿Necesito una buena campaña para lanzar mi producto o servicio?

No recuerdo ninguna *start-up* que se lanzase con una gran campaña de promoción. Estas campañas son necesarias para productos maduros que ya están en el mercado o que basan su éxito en la visibilidad.

Pregunta 5. ¿Me recomiendas probar mi producto entre mis amigos antes de lanzarlo?

No lo pruebes con amigos o conocidos por el hecho de ser personas cercanas y accesibles, pruébalo con clientes potenciales que te ayuden a conocer el mercado al que aspiras. Si son amigos y conocidos, ¡bienvenido sea!

Pregunta 6. ¿Debo invertir en una campaña online de redes sociales o Google Ads?

Depende de lo que busques. Y de si tu espacio es B2C o B2B. Ésta no es más que una de las muchas vías por las que puedes llegar a tu mercado. Existen muchas maneras de optimizar tu visibilidad con SEO y otras herramientas.

El caso de Amir y Carla

Amir y Carla son dos emprendedores que conocí la misma semana. Cada uno por su cuenta, tuvieron la idea de lanzar una bebida hecha a base de frutas y vegetales que no se comercializaban por los distribuidores porque su aspecto o su estilo no resultaban atractivos a los clientes.

Hoy, Carla vende *smoothies* en polvo a una amplia red de gimnasios en toda Europa y está preparando tres nuevos sabores. Planea ampliar su canal de venta, para lo que ya tiene inversores.

Amir todavía no ha empezado a vender. No está convencido del diseño de la marca ni de la combinación de productos, así que tampoco ha conseguido inversores. Le cuesta llegar a final de mes porque está buscando el producto y el momento perfecto para lanzarlo, algo que no existe.

Emprende para vender a quienes te necesitan, no lo hagas con la idea de vender a todo el mundo desde el primer momento.

Octavo dilema: ¿deuda o capital?

A grandes rasgos, hay tres formas principales de financiación: subvenciones, deuda y capital. En este libro trataré sobre todo lo relacionado con el capital privado, pero la deuda existe como posibilidad, obtener dinero de los bancos a cambio de intereses.

No obstante, si lo que quieres es una respuesta financiera a esta pregunta, calcula el coste promedio ponderado del capital al combinar las dos opciones, eso siempre te dará como resultado el mejor precio por el dinero que necesitas para crecer. Sin embargo, desde mi punto de vista, si sólo analizas la cuestión desde la perspectiva financiera, te equivocas. La respuesta depende de tu modelo de negocio, de la fase de desarrollo en la cual está tu empresa y de tus aspiraciones.

Éstas son las preguntas más frecuentes que te plantearás para saber si buscar la financiación en subvenciones, en bancos o en inversores privados.

Pregunta 1. ¿Deuda o capital? ¿Existe alguna ventaja de una sobre la otra?

Las dos tienen pros y contras. La disyuntiva te puede recordar a la que se te presentó cuando tuviste que decidir entre crecimiento y control. La deuda te deja más control, pero te genera intereses que tendrás que pagar independientemente de los resultados de tu negocio. El capital te obliga a ceder parte del control, pero, por el contrario, no te genera una obligación de pagar intereses ni de devolver el capital a corto plazo. Cuando el precio del dinero es bajo (es decir, las tasas de interés son bajas), la deuda es barata, pero no lo tendrás fácil cuando vayas al banco a pedir dinero porque te van a pedir garantías a cambio, las cuales, seguramente, no tengas.

También depende de la naturaleza de la empresa que quieras lanzar. Si aspiras a un crecimiento notable desde el principio, tendrás que atraer inversores o fondos de capital riesgo, porque el perfil de riesgo es más agresivo.

Si por el contrario optas por un crecimiento paulatino, para no depender de inversores y generar beneficios lo antes posible, es probable que la deuda sea lo más adecuado.

Pregunta 2. ¿Existen subvenciones para empezar mi proyecto?

Por supuesto, y te recomiendo que estudies muy en serio esta vía de financiación. De esta manera no tendrías que ceder capital ni endeudarte. Pero tampoco debes convertirte en un cazador de subvenciones. Lo importante es que no pierdas el foco y no empieces a consumir una subvención tras otra con la única finalidad de cubrir tu salario.

Pregunta 3. ¿Qué condicionantes tiene pedir un préstamo al banco?

El cliente ideal de un banco es aquel individuo o empresa con capacidad suficiente para pagar los intereses de la deuda y el capital. Una *start-up* no es un cliente atractivo para un banco porque carece de dos requisitos importantes: un histórico que demuestre la capacidad para pagar la deuda; y un activo que pueda avalar el préstamo, con valor suficiente como para que el banco pueda recuperar la deuda en caso de que la empresa no la pudiera pagar.

Pregunta 4. ¿Qué documentación tengo que llevar al banco para solicitar un crédito financiero?

Te van a pedir los tres últimos ejercicios contables de tu empresa, pero no los vas a poder aportar porque no existen, ya que acabas de crearla. A partir de aquí hay dos posibilidades: que el banco te pida una garantía personal, algo que no te recomiendo que hagas, o buscar otro medio para garantizar el préstamo.

Pregunta 5. ¿Qué puedo hacer si no me dan el préstamo?

La deuda bancaria es sólo una de las formas de financiar el crecimiento inicial de tu empresa, pero no es la única. Puedes ceder capital, negociar condiciones de pago con proveedores y clientes, buscar subvenciones... No entiendas nunca un obstáculo como el final de tu proyecto, sino como una etapa más en el desarrollo.

Pregunta 6. ¿Qué consecuencias tiene ceder capital?

Tendrás que ceder parte de las acciones de tu empresa o emitir nuevas a cambio del dinero que entra en la caja.

Este dinero no conlleva la obligación de ser devuelto, sino que se destina a optimizar la gestión de la empresa. (En el «Décimo dilema» veremos las diferentes fuentes privadas de financiación que existen.)

El caso de Thea

Thea lleva más de cinco años desarrollando un taller de comida vegana. Imparte clases desde el primer día, y ahora va a empezar a vender productos. Tiene el control del cien por cien de su empresa. Después de tantos años cobrando un salario bajo, sin vacaciones y buscando subvenciones, su banco quiere prestarle dinero, y algunos inversores se han interesado en su modelo de negocio. Siempre ocurre lo mismo, las fuentes de financiación aparecen después de los éxitos.

¿Qué debería hacer Thea? Lo primero sería decidir si quiere crecer. Si decidiese crecer, debería pensar el tipo de crecimiento más adecuado para su negocio. Y no debería olvidar que el dinero más barato es el que resulta de vender sus productos a un precio superior a la suma de los costes.

En las fases iniciales, la deuda bancaria es difícil de conseguir, pero es barata. El capital es más accesible; tus ahorros, tus amigos o tus familiares pueden ser fuentes de financiación, pero ya sabes que este dinero conlleva más obligaciones que la mera devolución de los intereses.

Noveno dilema: ¿subcontratación de tecnología o desarrollo interno?

No todos los modelos de negocio necesitan desarrollar una tecnología propia. Si vas a realizar tareas específicas, tienes a tu alcance infinidad de tecnologías disponibles en el mercado. Pero si tu idea exige un desarrollo para implantar un producto o servicio, tener el control sobre tu propia tecnología está muy bien valorado tanto por los inversores como por los clientes. Éste es un dilema que debes resolver al iniciar tu proceso emprendedor, pero la decisión dependerá de la naturaleza de tu negocio y del momento de desarrollo en el que se encuentre.

En relación con el desarrollo tecnológico y la contratación, a continuación expongo las preguntas más frecuentes.

Pregunta 1. ¿Tan importante es contar con un perfil técnico en el equipo fundador y desarrollar una tecnología propia?

Cuando empiezas un negocio, es muy importante que estés lo antes posible en condiciones de comprobar la validez de tus hipótesis entre tus clientes potenciales. El nivel de ese desarrollo tecnológico que necesitas dependerá de tu propuesta de valor y de los clientes a los cuales te dirijas. En general, los clientes no están interesados en la tecnología que utilizas sino en que les resulte útil el servicio o producto que les propones.

Hace diez años, para tener un sencillo *e-commerce* necesitabas un desarrollo propio. Ahora puedes fabricar un producto mínimamente viable sin necesidad de desarrollar tecnología propia, utilizando *off the shelf software* (software comercial de uso común).

La multiplicación de soluciones (en particular, gracias a la inteligencia artificial generativa) que permiten que cualquier persona sin una formación especializada pueda diseñar aplicaciones y programas (*no-code* y *low-code*) ha cambiado las reglas del juego: te pueden ayudar a posponer la integración de perfiles técnicos capaces de desarrollar tecnología propia, pero no de prescindir de ellos de manera definitiva.

En las fases iniciales de negocios de *retail* u otros servicios básicos, no será necesario que desarrolles una tecnología propia. En estos casos, tu ventaja competitiva no será la tecnología, sino otros aspectos del negocio como la calidad del servicio o el marketing.

Pregunta 2. ¿Qué tipo de empresas necesitan un desarrollo interno?

Lo necesitan las del sector tecnológico. Nadie puede imaginar un modelo de negocio basado en alguna tecnología como la inteligencia artificial, la *blockchain*, el *cloud computing*, la ciberseguridad o las tecnologías inmersivas que no incorpore perfiles técnicos en su equipo fundador. Cuanto más complejo sea el producto, más talento tecnológico necesitarás para su desarrollo.

Hay que diferenciar entre los proyectos que necesitan utilizar la tecnología como una herramienta y las empresas que venden dicha herramienta. Shopify necesita tecnología propia, pero los *e-commerce* que lo utilizan no necesitan tanto desarrollo. Uber necesita tecnología propia para gestionar su flota de vehículos. Siemens necesita tecnología propia para desarrollar nuevas máquinas de detección del cáncer, pero serán las clínicas las que utilicen esa maquinaria.

Según sea la importancia que la tecnología tenga en tu propuesta de valor, necesitarás desarrollarla internamente o recurrirás a la que otras empresas hayan desarrollado. En cualquier caso, necesitarás profesionales que sepan diseñar un producto o utilizar uno que ya exista.

Pregunta 3. ¿Qué otras consecuencias se derivan de subcontratar la tecnología en lugar de desarrollarla internamente?

Por un lado, tardarás menos tiempo en tener un producto mínimo viable para probarlo con tus clientes potenciales. Podrás validar tus hipótesis iniciales con mayor efectividad, y es posible que también puedas mantener un mayor control si evitas compartir capital.

Por otro lado, tendrás poco control del desarrollo y tendrás que ser muy precavido con el código. Además, te va a salir más caro externalizar estos servicios que desarrollarlos internamente si cuentas con un fundador tecnológico en tu equipo.

Pregunta 4. ¿Qué consecuencias para la financiación puede tener no incluir esos perfiles en el equipo y subcontratarlos?

Los inversores buscamos escalabilidad y alto crecimiento. Para conseguirlo necesitas tecnología. Damos más valor a los equipos multidisciplinares porque demuestran una consciencia, desde muy temprano, de la importancia que tiene cubrir los diferentes aspectos del crecimiento de una empresa: el producto y su venta.

Ante niveles similares de facturación, las empresas que tienen un fuerte componente tecnológico propio suelen valer más (múltiplos de ingresos) que las empresas que utilizan estas tecnologías para servir al cliente final (múltiplos de ebitda, es decir, de los resultados de tu proyecto sin considerar aspectos financieros ni tributarios).

Si no incorporas desde el inicio en tu equipo los perfiles con las habilidades necesarias para el desarrollo de tu idea, como inversor te preguntaré si serás capaz de sacar adelante el proyecto. Si me presentas un proyecto con un equipo capaz de desarrollar la tecnología necesaria, me estás diciendo que eres consciente de tus necesidades desde el primer momento, y eso es muy bueno.

Como inversor, algo que me resulta especialmente agradable y atractivo es ver que el equipo reúne perfiles complementarios cuando lo necesita, que se adapta y encuentra soluciones.

El caso de mis alumnos del MBA

En mi curso del MBA ayudo a mis alumnos a validar sus ideas. En la mayoría de los casos no es necesario desarrollar tecnología en las fases iniciales para comprobar sus hipótesis. Lo que sí es importante es tener una propuesta de valor atractiva para los clientes y poder enseñarla.

Desarrollar una tecnología propia es cuestión de hacerlo en el momento adecuado. Si se trata de crecer y usar esa tecnología como una ventaja competitiva, es imprescindible integrar talentos y capacidades en el equipo desde el primer momento. Por lo tanto, es primordial que sepas el tipo de empresa que quieres poner en marcha.

Décimo dilema: ¿con qué fuente de financiación privada crecer?

Si ya has puesto en marcha tu *start-up* y estás creciendo, es el momento de buscar financiación externa. Y tendrás diferentes opciones a tu disposición.

Como ya he mencionado, a grandes rasgos existen tres fuentes para obtener capital: subvenciones, deuda e inversión privada. Cada una cuenta con unas características determinadas que deberás considerar, y puede que, dependiendo de la etapa en la que se encuentre tu proyecto, debas recurrir a una u otra. El contexto es importante. Si estás empezando, lo natural es que recurras a ahorros o fondos propios, por ejemplo, y no a capital riesgo.

Analicemos las posibles fuentes de financiación privada y las preguntas más frecuentes asociadas.

Pregunta 1: ¿Qué opciones existen?

Amigos y familia, socios estratégicos, *business angels* y fondos de capital riesgo.

En el próximo capítulo explicaré con más detalle los tipos de inversores privados, pero te ofrezco un primer acercamiento a las opciones.

Pregunta 2. ¿Qué ventajas e inconvenientes tienen cada una de esas opciones?

Veamos cada una por separado.

En cuanto a los amigos y la familia, es decir, el apoyo económico de tu red de contactos y gente cercana es un tipo de dinero proporcionado por razones no financieras y asequible, pero conlleva un alto impacto emocional, lo que puede suponer que la relación resulte dañada si la operación falla.

Si hablamos de socios estratégicos, es decir, de inyección de efectivo desde compañías ya establecidas a cambio de participación, capacidades, productos o servicios, esto genera credibilidad en la industria, aunque la toma de decisiones se vuelve lenta y puede que los objetivos no se compartan.

Los *business angels* son inversores privados que utilizan su propio capital para que tu negocio prospere y crezca, a fin de obtener beneficios en el proceso, siempre a cambio de parte de las acciones de la empresa. Acceder a ellos puede resultar complejo (pero eso lo trataremos en próximos capítulos).

Los fondos de capital riesgo son fondos de inversión independiente para fases avanzadas y compañías con alta proyección de crecimiento. Los fondos agrupan el capital de muchos socios inversores, y su inversión suele ser a corto plazo (no más de ocho años) con cierto nivel de participación en la gestión de la empresa. Es el escalón más avanzado en cuanto a inversión privada, provee de contactos y muchas opciones para expandirse, pero no es asequible a cualquiera.

Pregunta 3. ¿Realmente merece la pena conseguir financiación externa?

Como has visto, recurrir a capital privado tiene ventajas y desventajas, pero, si pretendes crecer, en un momento dado no te quedará otra opción, pues te verás limitado por tu propio capital. La financiación externa no es mala, al contrario, pero debes entender las reglas del juego: para conseguir capital privado, tendrás que ceder parte de tu capacidad de control.

Pregunta 4. ¿Cuándo es el momento de buscar financiación externa?

Hablaremos de ello más adelante, intervienen varios factores. Para empezar, debes entender la búsqueda de inversores como un trabajo en sí mismo, por lo que tienes que encontrarte en un punto en el que tu negocio es capaz de sostenerse y funcionar mientras tú (o alguien en tu equipo) dedica tiempo a la búsqueda de capital.

El caso de Marcos

Marcos, ingeniero informático y programador experto en varios lenguajes, montó una *start-up* junto a dos compañeros de universidad. Desarrollaron una aplicación con la inteligencia artificial como eje de su proyecto. En un primer momento, los tres, como socios fundadores, se sirvieron de sus ahorros y trabajaron día y noche para conseguir una versión funcional con la que empezar a operar. Pusieron en riesgo todo su capital porque tenían un sueño. Tras una primera etapa muy sufrida en la que no hubo beneficio alguno, con una primera versión operativa de su software, decidieron alquilar un espacio en una oficina de *coworking* para comenzar a trabajar de cara a clientes y usuarios. Relacionarse con otros emprendedores les permitió acceder a inversores privados, pues ampliaron su red de contactos, y así consiguieron que algunos *business angels* conocieran su proyecto. A partir de ese momento, tras mucho trabajo para preparar la primera ronda de inversión, con todo el material asociado y las presentaciones oportunas, lograron una amplia inyección de capital que les permitió establecerse como una empresa independiente y próspera. Hoy en día, tras algunos años en crecimiento, están planteando pasar a nuevas rondas y llegar a fondos de capital riesgo.

A continuación, nos adentraremos en el mundo de los inversores privados, analizaré los distintos tipos y te ofreceré una perspectiva transparente y completa sobre la mente de los inversores privados.

Te hablaré de lo que perseguimos, lo que nos satisface y lo que rechazamos, para que sepas qué hacer y qué no cuando busques inversión. Y también un atisbo de nuestro lenguaje, de la manera en la que nos comunicamos con los emprendedores.

3

Conociendo a los inversores

Si quieres ir rápido, camina solo; si quieres llegar lejos, ve acompañado.

Proverbio africano

No existe el mercado, sólo hay pruebas de mercado.

En recuerdo de PIERRE REVERDY

Emprender no es fácil. Implica muchos retos económicos y emocionales, y también concesiones. Y no importa que tu proyecto sea una aplicación derivada de la inteligencia artificial o un servicio de reparto de flores y plantas.

He visto crecer negocios de todo tipo, muchos han triunfado y otros tantos se han quedado por el camino. Cualquier negocio tiene asociado riesgo.

A la hora de buscar capital, financiación externa, sea del tipo que sea, los intereses de los emprendedores y los de los inversores, aunque puedan estar alineados, no son exactamente los mismos.

Tanto los emprendedores como los inversores deseamos

que el proyecto funcione, salga adelante y genere beneficios, pero, en la mayoría de los casos, por no decir todos, se parte de distintas motivaciones y se persiguen diferentes objetivos. Y esto no siempre se refleja en los acuerdos verbales o por escrito, y tampoco en las conversaciones a puerta cerrada o en las sobremesas de una comida en un restaurante.

En este capítulo profundizaré en la figura del inversor, analizando la manera en la que pensamos y el lenguaje que utilizamos. Pero, antes de nada, analicemos los diferentes tipos de inversores que podemos encontrarnos.

Tipos de inversores

Ya mencioné las principales fuentes de financiación, destacando sus ventajas y desventajas, pero ahondemos ahora con un poco más de detalle y de manera concreta en las distintas opciones dentro de la inversión privada y en las relaciones que se establecen con el emprendedor.

Resulta esencial (altamente recomendable) que cualquiera que inicie el camino del emprendimiento analice los perfiles de los potenciales inversores y, con un objetivo en mente, busque a las personas u organizaciones más acordes para alcanzarlo. Y también es esencial que no lo haga siempre de igual forma, pues, a lo largo de las diferentes etapas del crecimiento de un proyecto, un tipo de inversor resultará más adecuado que otro, aunque esto no es ciencia pura. Por esta razón, es importante tener claras las características de los diferentes y potenciales inversores para conocer las necesidades de la empresa. ¿Por qué? Porque hay que adaptarse al momento. Durante el proceso de búsqueda de inversores, uno no puede comunicarse de la misma manera ante un auditorio repleto que en una reunión personal con otras dos personas durante dos horas. Más adelante profundizaremos en esta cuestión tan importante.

Dicho esto, ¿qué tipos de inversores existen?

Tú como inversor

Quizá te resulte sorprendente encontrarte a ti mismo en una lista que analice los distintos y potenciales inversores, pero ésta es una posible realidad. Toda empresa nace con el esfuerzo y los medios del emprendedor. Y, aunque pueda parecer contradictorio, pues al principio uno cuenta con una riqueza limitada, es la mejor manera de construir credibilidad de cara a futuras fases de búsqueda de capital, lo que llamamos rondas de financiación.

Este tipo de inversión se conoce como *bootstrapping*, es decir, formar una empresa desde la nada con muy poco capital y sin depender de inversiones externas, sino contando sólo con aquello de lo que uno mismo dispone.

Siempre recomiendo a los emprendedores que establezcan los cimientos de su empresa, de su *start-up*, de esta forma, sin buscar el dinero de otros. Invertir tu propio dinero genera confianza. Cualquier inversionista aprecia que, si un emprendedor pone todo o gran parte de lo que tiene en la creación de su proyecto, significa que cree con absoluta convicción en sus posibilidades.

> Que tú mismo inviertas tu dinero en tu proyecto es, además, una forma de no ceder capital demasiado pronto, de gestionar tú los tiempos y de guardar cierto control sobre las acciones en una etapa temprana.

Inversores «triple F»

En segundo lugar, nos encontramos con lo que en el mundo anglosajón se conoce como «triple F», término que hace referencia a tres elementos: *family, friends and fools* (familia, amigos y tontos). Dentro de la curva de crecimiento, el tipo de inversor que se engloba bajo este concepto suele ser el segundo escalón.

Tras una etapa inicial en la que se ha empleado el capital propio, uno tiende a recurrir a su entorno. Y es aquí donde entran en escena las personas más cercanas, quienes se involucran en el proyecto empresarial, pero no tanto por su viabilidad o proyección, sino por cariño y cercanía. Son personas que se implican y comprometen porque eres su hermano, su amigo, su hijo, su pareja... En la mayoría de los casos lo que más los motiva no es el rendimiento de su inversión (aunque siempre hay excepciones), y tampoco exigen una gran parte del capital como recompensa por el dinero invertido en la empresa.

Son personas que el emprendedor conoce bien, con las que trata a diario o con frecuencia, de las que se sabe qué puede esperar.

La relación con este tipo de inversor se caracteriza por un fuerte componente emocional, y eso no es algo que se deba subestimar. Hay que tener mucho cuidado al respecto. Puede parecer fácil pedirle dinero a un amigo, pero si luego ese dinero se pierde puede que también se pierda al amigo.

Si construyes una empresa con el dinero de tu padre y dicha empresa no funciona, no vas a perder a tu padre. Tu padre siempre será tu padre, pase lo que pase, pero el peso de haber provocado que pierda su dinero, puede que incluso sus ahorros, es algo con lo que tendrás que vivir durante el resto de tu vida.

El dinero proveniente de la «triple F» es el más barato y accesible, pero es el que más carga emocional arrastra. Y lo digo con conocimiento de causa.

Un amigo mío, emprendedor de éxito, cada vez que nos encontramos siempre me recuerda que su primera empresa no triunfó. La había construido con el dinero que su padre le había prestado. Y no hablamos de una cantidad desdeñable. Le prestó 50.000 euros. A raíz del fracaso de su proyecto, durante muchos años no consiguió conciliar el sueño adecuadamente; no a causa de haber perdido el dinero, sino porque aquello derivó en mentiras y reproches, y terminó provocando que no se hablase con su padre. Tal desencuentro se prolongó durante años, muchos más que los que precisó para devolver el dinero que su padre le había prestado.

¿Por qué se utiliza el término *tonto*? Dentro del contexto económico, se emplea también esta expresión para explicar este tipo de inversión. Hablamos de un inversor que, en una fase muy temprana del desarrollo de la empresa (lo que conlleva un grado muy elevado de riesgo), invierte basándose en su relación con el emprendedor, no por el rendimiento de su dinero. Suele existir un riesgo muy alto, y la recompensa potencial es muy limitada.

Mi consejo es no sobrevender tu proyecto a tus familiares o amigos. Ya no por lo que pueda suponer para tu relación con ellos, sino de cara a momentos posteriores de la aventura empresarial.

> Los inversores profesionales (un nivel más sofisticado) no consideran a estos inversores «triple F» como referencia a la hora de invertir. Para ellos, no otorgan credibilidad al proyecto. Es importante «sindicarlos», es decir, que a nivel legal su participación esté bajo el control de una persona o entidad (idealmente uno de los emprendedores) para que no supongan una traba al buen gobierno de la empresa en futuras rondas.

Incubadoras, aceleradores y creadores de empresas (venture builders/studios)

Los conceptos incubadoras, aceleradores y creadores de empresas pueden resultar confusos. De forma frecuente, la gente los mezcla, lo que es un error, pero trataré de arrojar algo de luz sobre la cuestión.

Una incubadora es una empresa que ayuda emprendedores a iniciar su trayectoria, la mayoría de las veces es pública. Suele estar impulsada por la propia sociedad, por ayuntamientos y gobiernos, y su función es ayudar a ciudadanos con ideas de negocio a convertirse en emprendedores. Se ocupa de cubrir las necesidades básicas de un individuo en la etapa más temprana de la formación de una empresa, en el mismo comienzo o principio del desarrollo.

Durante las primeras fases, cualquier proyecto tiene necesidades, como pudieran ser una oficina, electricidad o servicio de internet; se trata de necesidades básicas para que la empresa pueda funcionar. Son las incubadoras las que pueden ofrecer ayuda. No son inversores como tales, entendiendo el término como personas que aportan capital, pero pueden resultar de un valor incalculable a la hora de construir una *start-up*.

El momento de buscar la asistencia de una incubadora es la etapa en la que uno se encuentra en la tesitura entre «soy un profesional» y «tengo aspiraciones de convertirme en empresario», es decir, en ese momento en el que dudamos cómo continuar o qué hacer.

La incubadora también puede ser de utilidad de cara a encontrar compañeros de equipo, puesto que puede ponerte en contacto con otras personas y sus distintas redes de contactos.

> Una incubadora puede entenderse como un *coworking* con servicios adicionales para personas que aspiran a ser emprendedores.

Por otro lado, un acelerador (o aceleradora) es un agente que se incorpora al proyecto cuando ya existe un equipo establecido, cuando ya se ha asentado la idea original y existe una propuesta de valor diseñada; puede que todavía sin tracción ni recorrido, pero estando ya definida en lo referente a la tecnología y a disponer de una hoja de ruta para los próximos meses o años.

Al contrario que las incubadoras, que pueden proveer de oficina, compañeros, contactos o servicios básicos, un acelerador proporciona mentores en distintos ámbitos, individuos que aportan información de valor incalculable a la hora de progresar y de desarrollar una empresa.

Imagina que tu proyecto como emprendedor es un software como servicio (*software as a service*, SaaS), un B2B (*business to business*, empresa que vende a empresa), con otras empresas como usuarios potenciales. Acabas de comenzar, ¿pero cómo proceder? ¿Conoces el concepto de adquisición de costos del cliente y cómo mejorarlo? ¿Dónde debes anunciar tu empresa para que la inversión en publicidad sea rentable o no perder dinero sin sentido? Estas cuestiones son el tipo de asuntos de los que se encarga un acelerador.

Los aceleradores suelen ser empresas privadas que ofrecen servicios, tutorías y guías a cambio de capital. Si todo marcha adecuadamente, su intervención permite acelerar el crecimiento, como puede deducirse de su nombre.

Un factor muy importante a la hora de considerar un acelerador es el *branding*, la marca, la reputación. Los hay de sobra conocidos, como Y Combinator, que inventó el concepto de acelerador en Silicon Valley, o Techstars, en el ámbito tecnológico europeo. Si uno logra contar con la asistencia de una empresa aceleradora reputada, existe una probabilidad altísima de encontrar más tarde inversores que se interesen en el proyecto.

> Son una parte esencial en el desarrollo, sus servicios suponen un puente en la progresión y es recomendable que intervengan en algún momento si se pretende crecer, sobre todo en el caso de los *first-time entrepreneurs*, o emprendedores primerizos.
>
> Como puede verse, incubadoras y aceleradoras son conceptos muy distintos. De hecho, pueden complementarse en fases sucesivas.

En tercer lugar, dentro de este apartado se encuentran los creadores de empresas. El término que se utiliza en inglés es *venture builders*, y es un concepto relativamente nuevo que suele confundirse con facilidad con los dos que ya he explicado.

Un creador de empresas no comienza de la mano del emprendedor. Tampoco del equipo. Su papel se vincula con la idea. Y no tiene por qué ser una idea original. La mayoría de las veces es una copia de un servicio o de algo que ha podido verse o disfrutarse en otro país.

> El *venture builder* actúa como incubadora y aceleradora, pero en relación con la idea que debe perseguirse. Es el dueño de la empresa creada y, en consecuencia, el responsable de buscar el equipo emprendedor para llevar a cabo el proyecto, cediendo bajo determinadas condiciones partes minoritarias del capital.

Los business angels

Quizá algún lector puede encontrarse con dificultades a la hora de comprender este término, pero lo aclaro ahora.

En el ámbito del emprendimiento en general, y de las *startups* en particular, la figura del *business angel* (inversor ángel) es muy importante en lo referente a la financiación. Se trata de un agente privado, habitualmente con experiencia empresarial y recursos elevados, que invierte parte de su capital en empresas nuevas o en expansión.

En el mundo hispanohablante, también suelen utilizarse los términos «inversionista ángel» o «inversor ángel», castellanizando el vocablo inglés. Ambas versiones son válidas.

Sin embargo, no hay que dejarse cautivar por lo romántico de la palabra *ángel.* Hay quien puede asociar la figura del *business angel* a una especie de salvador o protector, pero mucho cuidado.

Como una vez me dijo mi amigo y mentor Luis Martín Cabiedes, un inversor de gran éxito en España, al que se considera el primer *business angel* de este país, «los inversores ángeles tienen mucho de inversores y casi nada de ángeles».

Se debe percibir al *business angel* como un inversor privado y no como un «ángel de negocios». Somos profesionales que invertimos nuestro dinero a cambio de una parte de la empresa en acciones, pero con un objetivo indudable: obtener el mayor rendimiento posible cuando llegue el momento de vender las acciones. Es una relación de negocios, y no deberían mediar intereses de otro tipo.

Ha de quedar claro que el dinero que invertimos es nuestro propio dinero. Es dinero que hemos ganado y luego hemos decidido invertir para generar retorno.

Los inversores privados arriesgan lo que es suyo a la hora de invertir. El índice de riesgo puede variar, pero, por norma, se trata de un riesgo bastante alto. Ninguna inversión es una garantía absoluta de que vaya a obtenerse beneficio, ni siquiera para alguien con mucha experiencia.

> Naturalmente, como en cualquier relación entre distintas personas (en este caso en particular me refiero a emprendedor e inversor), existe un componente emocional importante que se debe tener en cuenta, pero no tan significativo o relevante como cuando median los «triple F».

Los diferentes tipos de inversores privados

Una vez explicado el concepto de *business angel*, si nos sumergimos un poco más en el capital privado se puede hacer una distinción entre diferentes tipos de inversores privados: el inversor pasivo, el inversor activo y el inversor profesional.

Los inversores pasivos son aquellos que, sin pericia técnica, destinan el capital que han acumulado como resultado de su vida laboral y contribuyen al desarrollo de nuevas empresas invirtiendo en ellas. Se caracterizan por ser oportunistas, por relacionarse poco con los empresarios y por no interferir mucho en la gestión.

Este primer tipo de inversor privado puede resultar atractivo para un emprendedor, apenas «entorpecen» el desarrollo de un proyecto o empresa y se mantienen en un segundo plano. De algún modo, se asemejan con lo que podría ser un inversor «triple F». En general, este inversor dispone de un capital reducido y no tiene un porfolio de inversiones muy amplio. Lógicamente, se trata de un inversor que carece de conocimientos relacionados con el capital riesgo y con otro tipo de inversores que se dan en etapas posteriores del crecimiento empresarial.

Haciendo un símil con el mundo animal, que tan evocador e ilustrativo resulta, el inversor pasivo es como un león. Espera pacientemente, sin hacer nada, a que le traigan la comida, y se contenta con el resultado cuando le llega.

El segundo tipo de inversor es el activo. Es un «animal» completamente distinto. Como una pantera, salen en busca de lo que desean. Conoce su entorno y sus capacidades, y aprovecha las ventajas de las que dispone.

Los inversores activos están dispuestos a poner más dinero, y suelen trabajar con empresas y proyectos dentro de su campo de conocimiento o de la industria en la que han trabajado y triunfado. De hecho, buscan ser parte, tener un papel en la empresa.

Este tipo de inversor es el que se persona en la oficina un lunes a las ocho de la mañana para «ayudar». Alguien que disfruta involucrándose y se interesa por cómo marcha todo, que durante la semana dedica horas a tu proyecto empresarial. Son individuos muy dinámicos, y, a veces, les cuesta delegar.

Los inversores activos esperan obtener mucho retorno con su inversión, puesto que consideran que pueden ser de gran utilidad y contribuir al desarrollo. Pueden resultar particularmente prácticos si se tratan cuestiones industriales en las cuales sean expertos.

No obstante, como se involucran mucho, no suelen disponer de un porfolio amplio, sino que trabajan con dos o tres empresas y proyectos. En general, son muy demandantes, y requiere tiempo colaborar con ellos.

Por último, el tercer tipo de inversor que puede distinguirse es el profesional, el inversor de cartera. Como «águilas», desde su posición, observan con detalle y analizan. Sobrevuelan y cuentan con una perspectiva muy amplia. Y no se lanzan sobre cualquier «presa», sino que escogen muy bien lo que quieren y el momento oportuno.

Este inversor posee un conocimiento general de muchos ámbitos, lo que puede complementar y ser de suma utilidad. Además, cuenta con más capital que los anteriores, y suele ser más selectivo a la hora de invertir. No obstante, en contrapartida, carece de tiempo. Diversifica sus inversiones en distintos proyectos empresariales (se crea un porfolio de inversiones en *start-ups*) y no dispone del tiempo necesario para atender a todos.

Es mi caso, por ejemplo. Con más de veinticinco empresas en cartera y otros tantos proyectos personales, a menos que haya un interés muy concreto en compartir mi tiempo con el emprendedor, no puedo estar en todas partes.

De forma adicional, muchas veces, este tercer tipo de inversor invierte en fases más avanzadas que los otros dos «animales». Es un inversor más sofisticado, y puede servir de puente entre los inversores privados iniciales y los fondos de capital riesgo. Es el más recomendable cuando se proyecta un acceso al capital riesgo (o *venture capital*, VC) en los siguientes dieciocho meses.

En muchos casos, los inversores profesionales, las águilas, somos el escalón que da acceso a los fondos a los emprendedores.

> Es importante saber con qué «animal» inversor te estás relacionando. Poseen características muy diferentes. Sus virtudes (conocimiento, dinero, tiempo, etcétera) y sus defectos (falta de credibilidad, contactos, etcétera) difieren.

Capital riesgo (*venture capital*, VC)

El último agente inversor que debemos considerar son los fondos de capital riesgo, un vehículo de inversión colectiva que lo que busca es obtener dinero, retorno. Forma parte del universo del *private equity*, lo que significa que invierte en el capital de las empresas, pero lo hace en fases iniciales del desarrollo de las empresas no cotizadas.

Del mismo modo que es importante entender las características y motivaciones de los distintos inversores de los que hemos hablado antes, resulta primordial comprender cómo funciona un fondo de capital riesgo. De forma sencilla, es un vehículo financiero que actúa de puente entre los inversores interesados en tener parte de su capital invertido en *start-ups* y las empresas en fase inicial que buscan capital para crecer. No es el dinero de los gestores.

En un fondo de capital riesgo hay que diferenciar entre dos tipos de agentes: los *limited partners* (LP), o socios limitados, y los *general partners* (GP), o administradores.

Los LP son los inversores que aportan dinero, los que invierten en el fondo. Los GP administran el dinero invertido en el fondo y aportan su tiempo y prestigio. Son los máximos responsables de la actividad de un fondo de capital riesgo.

Como emprendedor, uno no está en contacto con los LP. Los socios limitados se relacionan con los GP, y éstos son los que entablan relación con el emprendedor. De este modo, el núcleo de la relación entre el emprendedor y el fondo de capital riesgo es el GP y su equipo.

Como figuras clave, los administradores, los GP, se ganan la vida de dos formas diferentes. En primer lugar, con la tarifa de gestión. Anualmente se los retribuye con un porcentaje del dinero que administran. Podemos entender este agente como una especie de financiero en el que uno confía para que invierta el dinero de manera correcta y al que se le paga una comisión, como un banquero privado especializado en inversiones alternativas.

Por poner un ejemplo, y para que quede más claro, imaginemos que los GP gestionan un fondo de 100 millones de euros. Si cada año, por su labor de gestión cobran un 2,5 por ciento, significa que reciben 2,5 millones para financiar la actividad.

Por otro lado, los GP también obtienen beneficios a través de lo que se conoce como *carried interest*, o interés devengado. Puede definirse como un porcentaje de los beneficios del fondo a razón de las operaciones realizadas como resultado de la compraventa de acciones que luego se devuelven a los inversores. Una especie de comisión de éxito.

Los GP suelen percibir un 20 por ciento en lo relativo al interés devengado, lo que puede entenderse sabiendo que desempeñan un papel completamente activo, conformando la cartera de inversión del capital riesgo y gestionando el día a día de las operaciones.

Respecto a los GP y los LP, también cabe mencionar otro concepto: el *hurdle rate*, o tasa mínima de retorno. Es el interés que se aplica a la inversión antes de emitir el interés devengado, una tasa de interés mínima que los GP prometen a los LP durante la vigencia del fondo.

Con un ejemplo se entenderá mejor. Supongamos que un socio invierte 100 euros y se le garantiza una tasa mínima de retorno del 8 por ciento. Esto significa que cada año «obtendrá» el 8 por ciento de los 100 euros invertidos. Si el fondo se prolonga durante diez años, que es lo habitual, el LP, una vez extinguido el fondo, recibirá su dinero de vuelta aproximadamente dos veces antes de que el GP pueda tener acceso a su *carried interest*. (Hablaremos de nuevo de la tasa mínima de retorno en un capítulo posterior.)

¿Qué implicaciones conlleva esto? Si un GP quiere percibir dinero en función del interés devengado, debe generar un retorno superior a la inversión realizada más la tasa mínima de retorno. No obstante, en capital riesgo, la mayor parte de los GP no obtienen su parte con el retorno generado por las inversiones, sino a través de su tarifa de gestión.

> Los salarios de los GP y de sus equipos se pagan con la tasa de gestión. El *carried interest* podría considerarse como el bonus. Y una nota importante: los gestores de fondos de inversión trabajan para sus inversores (LP), no para los emprendedores.

La mente de los inversores profesionales

En el próximo capítulo abordaremos de manera detallada cómo relacionarse con los inversores a la hora de buscar financiación, el sutil arte de la negociación y de lo que uno ha de disponer, pero antes de llegar a ese punto, debemos conocer cómo piensa un inversor ángel (lo que también puede aplicarse a grandes rasgos a los administradores de los fondos de capital riesgo). ¿Cuáles son sus intereses? ¿Qué busca? ¿Por qué invierte?

Una de las principales razones de que los emprendedores no se lancen en busca de inversión es el desconocimiento de las necesidades de los inversores.

Debemos tratar de ponernos en la piel de un inversor. ¿Por qué alguien iba a interesarse en nuestro proyecto?

Dejando a un lado los vínculos emocionales que, de hecho, se dan cuando se trata de inversores del tipo «triple F», como no podía ser de otro modo, la clave principal es el dinero. Pueden existir razones más sustanciales que empujen a un inversor a aportar su propio dinero, como quizá poder contribuir a la mejora de la sociedad en su conjunto o incluso al bienestar del planeta; todo depende de la empresa y del proyecto, pero no es la norma. El principal motivo de un inversor para invertir es el beneficio que puede obtener de poner en juego su patrimonio, o el de sus socios limitados (LP) en el caso de un fondo de inversión.

Hay que tener muy claro que toda inversión en fase inicial conlleva un riesgo muy elevado. Por muy atractiva que sea una idea o pueda parecer un proyecto empresarial, nada garantiza que salga bien. De un día para otro, el inversor puede encontrarse con que su dinero ha caído en saco roto y no hay vuelta de hoja.

Naturalmente, como emprendedor, uno siempre piensa que su proyecto saldrá adelante. Es importante disponer de esa ilusión y ganas de triunfar. El emprendedor es intrínsecamente optimista. Empezar pensando que uno va a fracasar suele ser un mal indicador. Pero el inversor no tiene por qué compartir nuestro ánimo ni nuestros deseos. Tiene sus propias motivaciones en relación con la empresa. También quiere que la empresa crezca y evolucione, pero para su interés.

Sin embargo, al contrario que el emprendedor, en el que prima la ilusión, sabiéndose creador de algo y entregándose en cuerpo y alma, el inversor considera la relación riesgo/beneficio como un factor fundamental.

Es verdad que, como dice el dicho, «el que no arriesga, no gana», pero eso no significa que uno deba comprometerse sin tomar en consideración multitud de circunstancias.

De todos los negocios que buscan y consiguen inversión privada, dos tercios, un 66 por ciento no logran jamás devolver la totalidad del capital que se ha invertido en ellos. Más de la mitad implican perder todo el dinero. Y sólo un 10-12 por ciento de las empresas que comienzan su andadura llegan a devolver cifras realmente elevadas sobre lo invertido (es decir, múltiplos superiores a tres).

> Como emprendedor, uno siempre va a querer y creer estar en ese 10-12 por ciento que triunfa, y no dentro del 66 por ciento que fracasa; es natural, pero la incertidumbre siempre acompaña a la inversión en fases iniciales.

¿Cuál es el objetivo de un inversor ángel?

En pocas palabras, un inversor ángel busca rentabilidad; pero no necesariamente inmediata. Un buen inversor cierra un acuerdo con vistas al medio y largo plazo. Salir con éxito en un plazo de cinco a diez años es un buen objetivo. ¿Qué significa esto? Cuando hablo de «salir», me refiero a la venta de su participación en la empresa, el beneficio, el retorno positivo.

Para un inversor, salir es el modo de generar dinero a través de lo invertido. Y disponemos de formas distintas para que esto se lleve a cabo. La primera es que la empresa quiebre. Lo que nadie quiere, pues implica que se ha perdido dinero. La segunda, que se vendan las acciones a nuevos inversores en una ronda posterior de búsqueda de capital, un «secundario». Con el tiempo, se dan nuevas series de búsqueda de fondos en las que se da entrada a nuevos inversores. Cuando se amplía el capital y una parte se destina al crecimiento de la empresa a través de nuevas acciones, esto recibe el nombre de «primario». La compra de acciones de los inversores anteriores recibe el nombre de «secundario». La tercera forma de salir es mediante una venta comercial, es decir, que una compañía compre el cien por cien de la empresa (lo que puede hacerse de manera amistosa u hostil). Y, por último, lo que es un caso muy muy raro es que la empresa salga a bolsa, haciéndose pública.

Que el objetivo sea salir implica que el inversor mide con mucho tiento en qué invierte. Los inversores privados en empresas emergentes debemos ser muy disciplinados en una fase inicial, en lo que se conoce como el filtraje a la hora de escoger en qué invertir.

Un inversor eficiente tiene dos objetivos en mente. Por un lado, maximizar su *deal flow*, su flujo de operaciones; para que nos entendamos, las oportunidades de inversión. Por otro lado, y aunque pueda resultar un poco contradictorio, busca no colapsar su agenda. El inversor no dedicará más tiempo del estrictamente necesario a cada oportunidad. Su tiempo es limitado, y es algo a tener muy en cuenta como emprendedor.

Los retos de un inversor

Tratemos de comprender a lo que se enfrenta un inversor cuando está buscando una *start-up* en la que invertir. Es un buen ejercicio imaginarse en los zapatos de alguien dispuesto a involucrarse con su dinero antes de relacionarnos de manera directa.

En primer lugar, la ausencia de datos históricos es algo a lo que los inversores nos enfrentamos constantemente. Resulta obvio que, en sus albores o en las primeras fases de su desarrollo, una empresa carece de números. Lo habitual es que se trabaje con proyecciones y expectativas. El reto del inversor es cómo gestionar esa incertidumbre.

El segundo desafío al que los inversores ángeles nos enfrentamos es la falta de liquidez de las inversiones de capital en *start-ups*. Recordemos que un inversor pone en juego su propio capital a la hora de invertir, y nunca puede saber (igual que tampoco lo sabe el emprendedor) cuándo recuperará el dinero. Se desconoce cuándo habrá una oportunidad de salir y vender las acciones, lo que se denomina «ventana de salida». Como las *start-ups* no son empresas con acciones en un mercado regulado (no están listadas en ningún índice), es posible, y en muchos casos probable, que no se presenten muchas oportunidades de vender.

Por último, el tercer reto es la dispersión del retorno.

Cuando invertí hace ocho años en Bizaway, valía 8 millones de euros, y hoy vale más de 130 millones. El múltiplo es enorme (aun teniendo en cuenta las diluciones). Tal múltiplo no se alcanza con cualquier tipo de inversión. Pero también he realizado inversiones en *start-ups* con las que he perdido todo mi dinero.

La única forma de mitigar el riesgo es construir un porfolio de inversión, tener, por lo menos, diez o doce inversiones. Es parte del juego.

¿Qué teme un inversor?

A lo largo del libro ya he mencionado en un par de ocasiones que los inversores invertimos para obtener retornos económicos a medio o largo plazo. Natural.

A grandes rasgos, hay dos maneras mediante las que ganamos dinero tras invertir: vendiendo las acciones en el futuro o mediante dividendos. ¿Pero qué ocurre con las *start-ups*? Una *start-up* no produce dividendos. Esto significa que la única opción para obtener beneficios tras invertir en una *start-up* es vender las participaciones a un precio más alto del que se compraron.

¿Qué temo yo como inversor? Perder mi dinero o no poder sacarlo, que no se dé la oportunidad de salir y que mi dinero se quede atrapado, sin más, como un zombi andante. Hay un concepto dentro del contexto de la inversión y el emprendimiento que quita el sueño a muchos: *walking zombie*. Este término hace referencia a un enorme coste de oportunidad, a acciones que nadie quiere comprar.

Imagínate que tienes tu dinero en el banco en una cuenta que no genera interés, pierde valor y no puedes sacarlo. Esto provoca un coste de oportunidad inmenso, no únicamente porque no lo puedas retirar, sino porque implica que no lo puedes invertir en otra empresa.

¿Es esto únicamente lo que teme un inversor? No. Otro elemento que aterra a los inversores es perder su tiempo. Los inversores que trabajan con carteras amplias de proyectos disponen de un tiempo limitado, por eso se cuidan mucho a la hora de escoger nuevas empresas en las que invertir.

Tiempo y dinero. Así se calcula el retorno sobre la inversión. Muy sencillo. Dos dimensiones.

¿Qué atrae a un inversor?

De un modo sencillo, podríamos determinar que la respuesta a esta pregunta es «el potencial de crecimiento». Para ello, los inversores solemos utilizar unos parámetros definidos que nos permiten descartar de una manera rápida y eficaz cualquier propuesta que no se ajuste a nuestras pretensiones. (Sobre esta cuestión hablaré con más detalle en el próximo capítulo.)

Una idea puede ser muy buena, pero sin acción no es más que una idea. Y hay multitud de ideas que se quedan en eso, en ideas, y que nunca llegan a materializarse.

Todos hemos tenido charlas distendidas en la intimidad en las que arreglamos el mundo y aportamos ideas innovadoras para crear empresas. Yo las tengo casi cada semana cuando me siento a tomar un café o a comer con emprendedores y empresarios. Pero la mayor parte de esas ideas nunca llegan más lejos.

Lo que más reparo causa a un inversor a la hora de decidir contribuir económicamente a un proyecto es vislumbrar que no va a ninguna parte y que el emprendedor no sabe muy bien hacia dónde va o cómo llegar.

La escalabilidad de una empresa, la posibilidad de que avance y atraviese nuevas fases de inversión, sumando cada vez más capital, resulta esencial.

Sirva como marco de ejemplo el dilema que Guy Kawasaki llama «de la soda china». En China, el 20 por ciento de la población consume soda, lo que significa que hay 250 millones de clientes potenciales. Numéricamente, puede que hablar de que si el 2 por ciento de la población china consumidora de soda consumiese nuestra bebida, suene de una forma maravillosa (¡5 millones de clientes!), ¿pero cómo vas a acceder a ese mercado? ¿Cómo pretendes llegar a esos clientes? Necesitas un plan progresivo, del primer cliente al segundo, y, después, de uno en uno hasta el cliente cien, etcétera. De manera eventual, ese 2 por ciento objetivo. Es necesario que uno pueda exponer su planteamiento de cara a crecer en una lógica *bottom-up*, no *top-down*. Es decir, de abajo arriba, no de arriba abajo.

Otro elemento que los inversores valoramos ampliamente es el equipo y su trasfondo. Un inversor quiere personas experimentadas en el ámbito en el que están desarrollando su proyecto, gente con las capacidades adecuadas. No quieren personas brillantes porque sí, sino con propósito.

Nadie duda que un banquero y experto en inversión, un consultor de estrategia y un profesional con mucha experiencia en marketing de productos farmacológicos sean personas excepcionales y sobresalientes. Sin embargo, si estos tres perfiles se juntan para montar una cadena de pizzerías, lo primero que vendrá a la mente de un inversor potencial es que no ofrecen ningún indicador que demuestre que pueden llevar a cabo tal proyecto. Que a alguien le guste la *pizza* no es suficiente para levantar y gestionar un restaurante, y mucho menos una cadena de ellos.

Los inversores buscamos pruebas de que el equipo al frente del proyecto puede llevarlo a cabo.

> No existe «tracción», únicamente «pruebas de tracción». A los inversores nos importan mercados grandes es verdad, pero más que nada accesibles. Buscamos pruebas, no hipótesis.

Lo que más aprecia un inversor

A los inversores nos interesa y agrada una propuesta de valor atractiva, con un producto específico y clientes segmentados (tienes que preguntarte: ¿por qué ellos precisamente?), y que exista interacción con ellos. Todas las afirmaciones no verificadas sobre un mercado no son más que hipótesis, no son pruebas. El inversor siempre busca un nivel de incertidumbre reducido, que el proyecto sea capaz de generar valor suficiente para conseguir clientes potenciales.

El mercado tiene que ser accesible. ¿Y cómo se demuestra? Con clientes.

Como emprendedor, uno necesita mostrar su capacidad para acceder al mercado. ¿Y cómo? Haciendo patente que entiende las necesidades de los clientes potenciales, las necesidades de sus primeros usuarios.

Y, por supuesto, yo, como inversor, tengo en cuenta que el modelo de crecimiento del proyecto muestre que existe un camino potencial para que llegue un momento en el que salir (vender las participaciones) con beneficios.

> Hay que destacar un rasgo: el inversor no quiere tener que enseñar al emprendedor, no quiere cubrir su curva de aprendizaje, sino sumarse a un proyecto ya encaminado y propulsarlo hasta el siguiente nivel.
>
> Se trata de tiempo y dinero.

Rasgos atractivos para un inversor

Un emprendedor debe saber comunicar a la hora de presentar su proyecto. Quizá pueda parecer obvio, pero no lo es. A lo largo de mis años como inversor, me he encontrado con multitud de proyectos cuyos responsables carecían de las habilidades necesarias para exponer sus ideas.

La confianza en uno mismo y en el proyecto es vital, pero no basta. Se precisan competencias comunicativas. Soltura y honestidad. Naturalmente, esto debe estar respaldado por datos y referencias, pero es necesario saber comunicar.

Los inversores queremos que el proyecto se nos presente de forma clara y directa. Que nuestras preguntas se aborden con transparencia. Nadie duda que el emprendedor (o emprendedores, cuando se trata de un grupo) sepa de lo que habla, pero hay que saber adaptarse a la audiencia. Deseamos que la idea esté respaldada por datos y referencias, que cuente con proyección realista y que ésta pueda vislumbrarse en boca del emprendedor.

Otro elemento fundamental es la transparencia. Un emprendedor debe ser capaz de compartir su proyecto para poder atraer oportunidades de negocio y a gente que pueda ayudar. Tratar de proteger una idea como si fuese el tesoro perdido de la Atlántida, temiendo compartirla por miedo a que te la roben, sólo demuestra miedo y falta de entendimiento de lo que es necesario para tener éxito empresarial. No importa tanto la suerte de haber tenido una buena idea como la capacidad de implementar esa oportunidad. Todo proyecto se nutre de escuchar y recibir *feedback*. Si uno se niega a compartir con claridad, termina por quedarse solo.

Es más frecuente de lo que cabría imaginar que un emprendedor con una idea pida firmar un acuerdo de confidencialidad para no divulgar la información que va a compartir. En muchos casos, esto se da en etapas muy tempranas, y a mí en particular me produce dos inquietudes fundamentales: falta de transparencia y desconocimiento de la relación entre ideas y oportunidades.

En un primer momento, el valor de una idea es cero. A medida que se añaden nuevas perspectivas y visiones, el valor crece. Se construye en la suma, no en la individualidad y en la desconfianza.

Por último, otro elemento importante es la *coachability*. Este término hace referencia a la capacidad de escuchar y de ser consciente de que uno no sabe todo. Flexibilidad.

> En general, el emprendedor sabe mucho de su negocio, mucho sobre poco. Por otro lado, el inversor sabe poco sobre muchas cosas distintas.
>
> Como emprendedor, es clave que sepas decir que no sabes cuando no sabes. Y busca inversores que no pretendan saberlo todo. Éstos, o bien mienten, o bien se mienten a ellos mismos.

¿El inversor adecuado?

A la hora de tratar con un inversor, uno debe saber a quién se dirige y si será el inversor óptimo para su proyecto. Por ejemplo, de primeras, a nadie en su sano juicio se le ocurriría acudir a un inversor cuya cartera la conforman empresas del ámbito de las bicicletas o del deporte en general con un proyecto sobre el desarrollo de componentes de bombas de extracción subacuática de petróleo.

Por norma, los inversores solemos invertir dentro de los sectores que conocemos, lo cual tiene sentido. Una vez más, hablamos del dinero de cada uno, y uno no arriesga lo que tiene en algo que le es completamente ajeno. Al menos no lo hace sin referencias oportunas o la asistencia de otros agentes.

Resulta de suma importancia que el emprendedor se relacione con los inversores adecuados.

> De la misma forma que los inversores dedicamos mucho tiempo a filtrar y analizar los proyectos y sus promotores, como emprendedor tienes que dedicar tiempo a escoger tus inversores. El primero no tiene por qué ser necesariamente el mejor o el más adecuado.

La jerga de los inversores

Ahora ya conocemos cómo piensa un inversor y cómo éste percibe a los emprendedores. ¿Pero cómo hablan los inversores? ¿Lo que se entiende de sus palabras es exactamente lo que parece o acaso hay algún significado oculto?

En ocasiones, una verdad alberga numerosos matices. Esto no significa que alguien nos esté mintiendo, sino que el respeto y el decoro promueven una determinada manera de transmitir un parecer o una idea. En otras ocasiones, claro está, la mentira existe. Y puede ser obvia o no. Muchas veces, un inversor puede tener objetivos muy distintos a los que manifiesta o, simplemente, prefiere no compartir con transparencia sus intenciones.

En los siguientes epígrafes expondré expresiones de uso frecuente en el mundo del emprendimiento y la inversión para que tú, como emprendedor, sepas a qué atenerte cuando trates con inversores.

Le agradezco a Guy Kawasaki haberme servido de inspiración.

«No cuadra con mi política de inversión»

Acabas de tener una reunión que consideras excelente. El inversor privado con el que te has reunido parece mostrarse atraído por tu idea y tu empresa, pero saca a relucir que no encaja con su política de inversión: «Me gusta mucho tu proyecto, y cuentas con un equipo increíble. Es una oportunidad muy atractiva. Pero no cuadra con mi política de inversión».

Como emprendedor, uno puede quedar contrariado. Todo parece indicar que el proyecto es maravilloso, el inversor insiste en ensalzar las virtudes de la empresa, pero dice que no encaja con su política o su cartera.

Lo que en realidad está manifestando el inversor en este caso es que no le interesa el proyecto. De manera elegante, respetando tu proyecto y respetándote a ti, pues no quiere ni faltarte al respeto ni echar por tierra tu ilusión, lo que dice es que no le interesa tu proyecto, y que, en realidad, no le resulta atrayente ni tiene completa seguridad en el equipo. De otro modo, adaptaría su política de inversión al proyecto.

¿Por qué es de esta manera? Si fuera yo el que te dijera esto, tú, como emprendedor, querrás hacerme ver que me equivoco; nada fuera de lo normal. Después de todo, el emprendedor debe confiar en su proyecto y mostrar su compromiso, tener fuerza y energía. Pero si esto ocurriera, no estarías teniendo en consideración mi tiempo.

Como ya he señalado, junto al dinero, el tiempo es el otro recurso de suma importancia para el inversor.

De algún modo, expresarse de esta forma es una manera de decir no y ahorrar tiempo.

> Tómalo simplemente como una negativa, y busca otros inversores. Habrá otras oportunidades.

«A mis socios no les interesa»

En reuniones con ejecutivos o *partners* de fondos de capital riesgo, es frecuente escuchar: «Me gusta mucho tu proyecto, es excelente y creo que es una oportunidad maravillosa. Pero el problema con el que nos encontramos es que a mis socios no les gusta».

De nuevo, tú como emprendedor te topas con una contradicción. Alaban tu proyecto, tu idea y tu empresa, pero el encuentro no va a ninguna parte.

Lo que te están queriendo decir es que no les interesa tu proyecto. Pero resulta más fácil culpar a otros, sobre todo cuando no están presentes. No quieren tener que decirte a la cara que no les gusta tu proyecto. En su lugar, dejan tal decisión en manos de individuos que no están en la misma sala.

Esto también sirve al inversor para cubrirse las espaldas de cara a un posible error. Si con el tiempo resulta que tu proyecto era increíble, podrá lavarse las manos, aludiendo a que no fue culpa suya dejarlo pasar.

No obstante, también se deja un pequeño resquicio para invertir en el futuro, si llega a darse el caso. Sin dejar claro que no le gusta tu proyecto, diciéndote justo lo contrario, se abre una puerta a retomar la relación más adelante.

Una de las peores cosas que pueden suceder a un inversor es dejar ir una oportunidad. Imagina ser inversor y que Google en sus primeros momentos buscase tu inversión y no decidieras participar. Una catástrofe que no dejarías de lamentar durante toda tu vida.

> Diciéndote lo que tú quieres escuchar, que tu proyecto es muy bueno, y buscando una excusa para justificar que no va a invertir, se ahorra tiempo (¡a los dos!).

«Invertimos en tu equipo»

Una frase que como emprendedor en busca de inversión escucharás mucho es «nosotros invertimos en la gente, invertimos en tu equipo». ¿Y qué significa esto?, puedes estar preguntándote. En principio parece algo positivo. Pero hay que tener claro que, desde el punto de vista de un inversor, el equipo es producto del momento. Y es susceptible de cambio.

Hace algunos años, la Asociación de Capital Riesgo Europea realizó un estudio que constata que el 65 por ciento de los fundadores de las empresas dejan de ser los directores generales tras la ronda B de inversión. Es decir, tras la tercera ronda profesionalizada de inversión, en dos tercios de los casos, los emprendedores ya no lideran sus propios proyectos.

En cierto sentido, esto tiene lógica, pues cuando uno monta una empresa lo hace con la gente disponible en el momento, pero, a medida que el proyecto crece y aparecen nuevas necesidades, también se requieren otras habilidades y aptitudes.

A medida que una empresa crece, se tiene más dinero para contratar mejor talento. Así, el equipo cambia.

Como inversor, busco aumentar el valor de mi participación en el futuro. Una de mis obligaciones profesionales es preocuparme de que el equipo en cada fase sea el más adecuado.

Aconsejo tener mucho cuidado cuando se escucha la frase «invertimos en el equipo».

> No obstante, siempre y cuando tú y tu equipo podáis ir cumpliendo los objetivos marcados en el plan de negocio, no debería preocuparte.

«No trataré de influir en tus decisiones»

Quizá ésta sea la mayor mentira que como emprendedor puedes encontrarte a la hora de buscar inversión. Cuando un inversor te dice «no vamos a tratar de influir en vuestra gestión», te aseguro que está mintiendo, por omisión o de manera consciente.

Mi recomendación es huir de este tipo de inversores. Cualquier inversor que contribuye con su propio capital está asumiendo un riesgo muy elevado, y lo hace a cambio de participaciones, derecho a voto y parte del control. Todo esto puede reducirse a «capacidad de influir».

Si alguien quisiera invertir para no interferir, de una manera segura y con un retorno atractivo, lo haría en alguna de las empresas listadas en el IBEX 35 o en los mercados de valores de cualquier parte del mundo. En ese caso sí que son acciones en un porcentaje pequeño y sin capacidad de influencia.

En el mundo de las *start-ups* o de los proyectos en sus comienzos, todo inversor exige cierta influencia. Es más, a medida que la empresa crece y se incorporen nuevos inversores, te verás obligado a ceder más control aún. Es inevitable, es parte del proceso de desarrollo.

> Se trata de una cuestión muy delicada por dos razones fundamentales. Primero, porque el éxito de los inversores es la consecuencia del buen hacer de los emprendedores; nunca al revés. En muchas ocasiones, las cosas comienzan a «torcerse» cuando los inversores creen saber más que los emprendedores sobre el propio proyecto. Segundo, la separación entre «dejar hacer», «influir» y «entorpecer» es menor de lo que cabría imaginarse.

«Mi tiempo es tuyo o siempre tendré tiempo para apoyarte»

El tiempo que un inversor te va a dedicar siempre va a ser el justo. Por mucho que te digan lo contrario, es materialmente imposible. Habrá momentos en los que sí lo hará, pero serán ocasiones puntuales, como cuando se vaya a materializar la entrada de dinero en tu proyecto o en otros momentos críticos.

Es natural que en una primera reunión ocupes la mente del inversor, que se preocupe por ti y por abrirte las puertas, quizá a clientes u otros inversores, pero en el día a día, tu proyecto sólo representará un porcentaje en la cartera del inversor.

Puede que, en la primera reunión, cuando el inversor te dice que pondrá su tiempo a tu disposición, crea que es así, pero, luego, tanto tú como él os encontraréis con la realidad.

Pondré mi propio ejemplo, tengo más de veinticinco empresas en cartera. Y no sólo eso. Un tercio de mi tiempo lo dedico a gestionar mi propio flujo, a encontrar nuevos proyectos y conocer emprendedores para próximas inversiones. Además, doy clases en escuelas de negocios, creo vídeos para compartir mi conocimiento o escribo este libro. En resumen, dedico sólo un tercio de mi tiempo a las empresas en las que ya he invertido. Pero todo ese tiempo hay que fragmentarlo, dividirlo entre los diferentes proyectos.

Tú, como emprendedor, dedicarás casi todo tu tiempo (y un poco más) a tu proyecto, pero no se puede esperar lo mismo del inversor; sobre todo, cuando hablamos de inversores más profesionalizados. A mayor capacidad de inversión, menos tiempo.

Y puede que te resulte interesante saber que el tiempo que un inversor dedica a tu proyecto también puede aumentar cuando considere que se acerca el momento de vender su participación, en parte o al completo. El grial de los inversores ángeles es encontrar el momento idóneo para la salida.

> En cualquier caso, considera que, en comparación con el tiempo que tú le vas a dedicar a tu empresa, el tiempo que te destinará el inversor siempre se quedará corto.

«Te llamaré muy pronto»

A veces, las horas duran apenas segundos, y un instante puede alargarse una eternidad.

«Te llamaré pronto.» «Te contesto en breve.» «Te digo algo

en poco tiempo.» El tiempo es relativo, y, en boca de un inversor, estas frases lo ilustran a la perfección. Las mentes de inversores y emprendedores no funcionan de la misma forma ni al mismo ritmo. Lo que para un emprendedor puede significar horas o unos días, un inversor puede entenderlo como, quizá, varias semanas.

No implica necesariamente una mentira, sino que la gestión del tiempo es distinta. Como emprendedor, tú dedicas el máximo posible a tu proyecto, tienes un sentido de urgencia brutal. Puede que, por ejemplo, en la ronda de búsqueda de inversión en la que te encuentras sientas cierta premura porque sólo te queda dinero en caja para cuatro, cinco o seis meses. Sin embargo, el inversor, además de con tu proyecto, trabaja con otras posibilidades. No tiene tanta prisa y no siente apremio ninguno.

Además, considera que, como inversor, el tiempo para mí es un aliado. Me permite tomar decisiones de una manera más acertada y con más información.

Te aconsejo algo que considero muy importante: pon fechas, establece límites para que los inversores tomen una decisión y respondan. Esto provocará que el inversor comprenda el sentido de urgencia y su importancia.

En relación con esta cuestión existe una expresión bastante interesante: *fear of missing out* (FOMO). Se trata de esa sensación de miedo a perder una buena oportunidad. Es un factor que puede generarse de manera positiva o negativa, y puede contribuir a que un inversor se decida antes. (Volveremos más adelante sobre el FOMO.)

> Sea como fuere, queda claro que «te llamaré muy pronto» y el concepto de tiempo no significa lo mismo para emprendedores e inversores.

Lenguaje perjudicial para un emprendedor

¿Somos los inversores los únicos que en ocasiones utilizamos un lenguaje ambiguo y confuso? ¿Qué ocurre con los emprendedores? ¿También usan con frecuencia expresiones que puedan tildarse de «características»?

Complementando el apartado anterior, y a modo de cierre de este capítulo sobre los inversores y lo que los emprendedores deben saber sobre ellos, en los siguientes epígrafes ofrezco una relación de frases a las que los emprendedores recurren y que recomiendo encarecidamente evitar, pues se perciben como rasgos negativos.

Son elementos en los que solemos fijarnos los inversores y que pueden suponer *red flags*, es decir, indicadores que nos sirven para descartar un proyecto empresarial.

Si las eludís cuando os sentéis ante un inversor para buscar nuevas fuentes de financiación, tendréis mucho ganado.

«No tenemos competencia»

Sería exponencialmente más rico si recibiera dinero cada vez que escucho a un emprendedor decir «nadie hace lo que nosotros hacemos» o «no tenemos competencia». Esta frase suele ir acompañada de increíbles expectativas o de afirmaciones demasiado categóricas: «Nadie en el futuro podrá hacer lo que nosotros estamos haciendo en este momento».

Puede que tales afirmaciones sean verdad (es poco probable, pero posible). Existe cierta posibilidad remota de que así sea, pero de ningún modo significa que el proyecto vaya a ser un éxito.

En primer lugar, no eres tú quien determina la competencia. Tú no decides con quién compites, sino que es el cliente quien lo hace. Es el cliente quien escoge cómo, dónde o con quién gastar su dinero.

Y es por completo irrelevante que, sea cual sea el campo, lo que tú hagas lo estés haciendo de forma única.

Si hay algo que uno debe aprender en el ámbito empresarial es que el mundo seguirá girando y funcionando sin nosotros. No hay ninguna necesidad de producir o gestionar de una manera diferente si no genera un beneficio claro para el usuario final.

En un entorno de competencia, resulta más significativo que tú puedas atajar un problema de mejor manera y a un coste inferior. Eso sí que es una ventaja de cara al cliente y al inversor.

> Aunque te sirvas de un método del todo innovador, que nadie lo hace como tú, cada vez que un cliente se gasta su dinero para resolver el mismo problema que tú solucionas con otro proveedor, se te demuestra que tienes competencia.

«Nuestras proyecciones financieras son conservadoras»

Estas dos palabras, *proyecciones* y *conservadoras*, son quizá las dos palabras que más escucho juntas en boca de emprendedores.

Miremos esta frase: «Hemos sido muy prudentes, conservadores, a la hora de construir nuestras proyecciones financieras futuras». Equivocación en el 95 por ciento de los casos. La naturaleza de un emprendedor debe ser ambiciosa, insaciable. Un emprendedor tiene que mostrar valentía y ganas de comerse el mundo. La ambición es una cualidad muy importante de cara a una facturación elevada en años venideros. Pero esto tiene dos consecuencias en muchos casos: un optimismo irracional de cara a las ventas futuras y un menosprecio de los esfuerzos y gastos necesarios para conseguirlo.

Por lo tanto, debes tener en cuenta una práctica que los inversores sofisticados llevamos a cabo. Siempre aplicamos una tasa de descuento a cualquier proyección financiera de los ingresos.

Según mi experiencia, esta tasa, en referencia a proyectos en una fase muy temprana (preventas), es común que sea del 80 por ciento. En otras etapas puede reducirse a un porcentaje entre el 50 y el 30 por ciento, quizá si hay presentes datos de ventas iniciales; pero en los comienzos de un proyecto suele ser del 80 por ciento.

En segundo lugar, multiplico los gastos por dos para así disponer de una referencia más realista de lo que será el estado económico de la empresa en cuestión.

Existe una tercera técnica que yo pongo en uso con frecuencia. Multiplicar por dos el tiempo necesario para generar los ingresos marcados. ¿Qué quiero decir con esto? Pongo un ejemplo: si tu plan prevé facturar 100.000 euros a tres meses vista, yo computo la mitad, y en un plazo de 6 meses.

Es una manera de calcular el riesgo de una inversión y acercarse más a la realidad.

Más del 90 por ciento de las proyecciones financieras presentadas en planes de negocios jamás se alcanzan. Son datos que he constatado con mi propia experiencia práctica, analizando alrededor de cuatrocientos proyectos al año desde hace más de quince años. Insisto, más del 90 por ciento.

> Como emprendedor, para ti es esencial hacer una gestión de caja eficaz e inteligente. Y debes ser optimista. Esto no quiere decir que no obres con cautela y sensatez, pero si consideras que tus previsiones son muy prudentes, tendrás que trabajar mucho, muchísimo, para justificarlo.
>
> Por desgracia, las estadísticas de crecimiento, los datos económicos proyectados, rara vez se cumplen.

«Me comprometo a unirme después de que hayas cerrado la ronda»

Te recomiendo tener mucho cuidado con aquellas personas que dicen, de un modo u otro: «Bueno, cuenta conmigo después de esta ronda». La experiencia me dice que, en muchísimos casos, los individuos que te aseguraron que se incorporarían a tu proyecto no lo hacen.

¿Por qué iban a hacerlo más tarde si no lo han hecho en primera instancia? No deja de ser una manera de tratar de dilatar una decisión, o bien quizá de mostrar una negativa desde el respeto.

En los comienzos de una *start-up*, como es natural, careces de ciertos elementos que confieren credibilidad al proyecto: marca, capacidad de ofrecer salarios competitivos, seguridad a corto y largo plazo... Estos rasgos pueden hacer dudar a muchos posibles cofundadores y empleados iniciales, pero son rasgos que perdurarán, independientemente de que tras una ronda hayas logrado reunir 400.000 euros para tu proyecto.

> Es una equivocación pensar que alguien que te dijo «no» en un primer momento, poco tiempo después va a darte una respuesta positiva, por mucho que te lo asegure. Querrá unirse cuando ya no lo necesites...

«Tenemos buenas métricas...»

Otra de las frases con las que los emprendedores tratan de cautivar a los inversores cuando buscan financiación en alguna de las primeras rondas es la siguiente: «Tenemos buenas métricas iniciales».

Hay dos aspectos en relación con esta cuestión. Contar con buenos datos de usuarios o clientes durante las tres primeras semanas no resulta relevante. En muchos casos, son métricas generadas en un mercado «cautivo» a través de tus familiares, amigos o contactos en redes sociales.

El segundo es que resulta esencial explicar de dónde proceden tus métricas, qué datos las sustentan y por qué afirmas que vas a poder mantener los números que presentas en adelante.

Por ejemplo, no basta con decir que uno tiene buena tracción inicial, sino que se hace preciso explicar el coste de adquisición de usuarios o la evolución del crecimiento orgánico e inorgánico de la actividad.

Las métricas que sirven son las que son buenas, continuas, prolongadas y justificadas en el tiempo.

> Cuando uno no puede explicar por qué tiene buenos números o cómo planea que esos números se mantengan y crezcan, significa que se está creciendo gracias a la suerte (pasajera, por naturaleza) y no por trabajo (de forma continua).

«Nuestro equipo está completo»

Uno de los grandes errores conceptuales de los emprendedores en busca de financiación es establecer y asegurar que su equipo es el ideal, que está completo y no necesitan a nadie más.

El equipo perfecto no existe. Y mucho menos en una fase temprana de un proyecto empresarial. Al principio, uno se junta con amigos, familiares o personas del entorno de trabajo, gente con características determinadas. Pero no las características idóneas, sino las que en ese momento están disponibles. Y esto no es malo, pero es como es.

Es muy muy raro que un equipo inicial pueda cubrir todas las necesidades de una empresa: gestión, marketing, ventas, finanzas... Eso resulta prácticamente imposible.

Asumir que uno tiene el equipo perfecto desde el comienzo, sin dejar margen al crecimiento, a escalar, es un grave error. Cada fase requiere habilidades y aptitudes distintas, y hay que ser consciente de ello.

> Te recomiendo ser transparente y muy claro. Es preferible que establezcas que sois un equipo de gente buena en lo vuestro, pero que sabéis que os faltan determinadas capacidades, y que el dinero que obtendréis mediante inversión privada o a través de fondos será precisamente para contratar a personas con todo lo que le falta al equipo.

Sin duda, esta actitud es mucho más productiva, y a los inversores nos resulta bastante más cautivadora.

«Las grandes empresas son lentas e ineficientes..., nosotros no»

Un desacierto frecuente entre los emprendedores es compararse con las empresas grandes y situarse, de algún modo, en una posición de superioridad. No les ayuda criticar la manera en la que esas grandes empresas actúan o reaccionan, por ser lentas o poco hábiles.

Como emprendedor, tú tienes que percibir a estas empresas como el espejo en el que mirarte; como si las usaras como una brújula para tomar referencias y saber cómo llegar a ser tan grande. Humildad y respeto son dos cualidades muy importantes. Esas empresas grandes fueron una vez pequeñas empresas que lo hicieron mejor que sus competidoras. Y esa capacidad de crecimiento es uno de los rasgos en los que nos fijamos los inversores.

Es cierto que las *start-ups*, por ser más pequeñas, pueden reaccionar y tomar decisiones con suma agilidad, de una forma más flexible. Pero mucho cuidado, porque este rasgo no puede ser la ventaja competitiva que te identifica. ¿Por qué? Si se convierte en tu ventaja competitiva, la bandera o la punta de lanza con la que defines tu empresa, tendrás un problema. A medida que crezcas, perderás esta cualidad. El hecho de basar la estrategia de desarrollo y de recaudación de fondos en que tu empresa es pequeña y puede reaccionar rápido no resulta un argumento convincente ni es de suficiente consistencia.

¿Por qué una empresa grande no se mete en el mercado de tu producto? ¿Es ése el error que vislumbras? Quizá no lo hace porque es un mercado demasiado pequeño para ellos, de nicho, no porque sea una oportunidad perdida. Puede que el mercado al que tú apuntas no sea lo suficientemente grande para crecer y la empresa grande sea capaz de anticiparse a eso.

Las empresas grandes son grandes por alguna razón. Te recomiendo que no consideres tu proyecto o tu empresa superior o más hábil que una grande.

> Las grandes empresas son compañías que en algún momento fueron *start-ups* que tuvieron éxito. Y no un éxito a pequeña escala, sino uno inmenso que les permitió llegar hasta donde están ahora.

Ahora que ya conoces a los inversores, su manera de pensar y la forma en la que se comunican, en el siguiente capítulo hablaré de los secretos de la negociación y de todo lo que precisas saber para lograr captar el interés en tu proyecto. Además, pormenorizaré las fases del proceso de inversión y qué hacer en cada una de ellas.

4

Frente a los inversores

> La preparación no garantiza el éxito, pero, sin ella, las posibilidades de éxito disminuyen significativamente.
>
> CONFUCIO

> Yo creo en la suerte, y he descubierto que cuanto más trabajo, más suerte tengo.
>
> THOMAS JEFFERSON

Emprendedores e inversores pueden percibirse como criaturas por completo ajenas entre sí, pero nada más lejos de la realidad. Se complementan. Se necesitan. En muchos casos, los emprendedores son también inversores, y viceversa. El emprendedor precisa capital para crecer y desarrollar su proyecto, y el inversor requiere opciones en las que invertir su dinero para aumentar su patrimonio y poder contribuir.

Difícilmente podría existir una figura sin la otra. Dentro del contexto social y del ámbito económico, emprendedores e inversores son piezas clave. Avanzan de la mano en una especie de relación simbiótica, donde ambos resultan beneficiados de la interacción con el otro. Juntos, logran progresar.

¿Sabes cuál es la razón por la que en España (país que puedo tomar como referencia y ejemplo de tantos otros modelos) hay tan pocos emprendedores? Porque están solos.

Una sociedad que no apoya el emprendimiento es un tren que discurre por una vía que termina en un abismo sin puente. De forma inevitable caerá por el precipicio.

Existe una relación directa entre el número de nuevas empresas y la tasa del paro. La creación de empleos más notable y consistente se da entre el tercer y el décimo año de una compañía. Es preciso ofrecer apoyo a los nuevos proyectos empresariales para que la sociedad como conjunto mejore a nivel laboral. Esto es algo que sabemos los inversores, y por ello nos esforzamos día a día en contribuir al crecimiento del tejido de nuevas empresas.

A mí me preocupa mucho, por eso trato de ayudar de diferentes maneras a los emprendedores. Invierto y ofrezco consejos e información que puede resultar muy útil.

Y algo que debo destacar una vez más: para emprender no es necesario que tengas una idea excepcional y única. Uno puede tomar un concepto ya establecido y servirse de él. Por ejemplo, Cabify copió Uber en Estados Unidos para implementar el concepto en España y América Latina y después de 13 años registró más de 50 millones de usuarios y se convirtió en unicornio. Fue posible gracias a mucho esfuerzo, trabajo e inversión privada (más de 600 millones de euros).

En este capítulo vamos a tratar diversos aspectos que a ti, como emprendedor, te servirán de cara a obtener financiación a lo largo de diferentes momentos. Explicaré los criterios de los que los inversores nos servimos para valorar un proyecto y hablaré de las distintas etapas a la hora de buscar inversión. Además, descubrirás lo que debes hacer en cada momento, en cada fase, así como los documentos que deben ir asociados.

También desentrañaré los secretos a la hora de negociar con un inversor, pues resulta esencial saber qué hacer y qué no hacer en una mesa de negociación al buscar capital, y también cómo transmitir credibilidad.

Pero comencemos por lo básico...

¿Qué es una *start-up*?

Puede que el término *start-up* no te sea en absoluto ajeno. Al fin y al cabo, a lo largo del libro ha aparecido en numerosas ocasiones. Sin embargo, merece la pena hacer un breve inciso aclaratorio antes de continuar.

Hay quien lo considera una simple traducción de «empresa joven», pero va mucho más allá. Una *start-up* es una empresa emergente en búsqueda de un modelo de negocio escalable y repetible gracias a la tecnología. No existen *start-ups* de 10 años. Se llaman pymes.

Start-up hace referencia a una empresa en sus primeras fases de desarrollo. Es un concepto que proviene del mundo anglosajón y define a compañías que se centran en productos o servicios específicos del sector tecnológico. Son empresas con mucha proyección de crecimiento y expansión, por lo que es frecuente que recurran pronto a las inversiones privadas después de la fundación.

Imagina, por ejemplo, un grupo de recién licenciados en informática que mientras estudiaban se han dado cuenta de las carencias en la manera en la que sus profesores compartían documentos e información. Al no encontrar un sistema disponible, decidieron desarrollar una aplicación que pudiera dar respuesta a esa necesidad y a muchas otras asociadas. Dada la magnitud del proyecto, deciden conformar una empresa; pero no es suficiente, ya que necesitan capital.

Pero saber que los inversores pueden estar potencialmente interesados en sumarse a tu proyecto de *start-up* no significa que vayas a lograr la financiación tan deseada.

Ahondemos un poco más en la manera de pensar de un inversor a través de una de las preguntas que suelen hacerme con más frecuencia. Y no sólo me la hacen los emprendedores. Es una cuestión que contesto de forma habitual en clase, con mis alumnos, y también en entrevistas con medios de comunicación. Porque no basta con tener la intención de montar una *start-up* o de estar en los primeros pasos de la formación de una, sino que uno debe saber a lo que se enfrenta a la hora de obtener capital externo.

¿Cuánto vale mi empresa? ¿Cómo valoran los inversores una *start-up*?

Dispones de una idea que estás materializando en la forma de un proyecto empresarial. Y estás comenzando o a punto de comenzar tu andadura como *start-up*. Sabes que necesitas financiación para progresar y crecer, para conseguir tus objetivos y prosperar, para alcanzar tus sueños.

Ahora te preparas para lanzarte a la búsqueda de inversores, preferiblemente *business angels*, que puedan darte ese empujón clave; pero no tienes ni idea de cómo evaluamos tu proyecto.

Yo te lo cuento...

En primer lugar, destaquemos dos aspectos importantes. Valorar tu empresa sólo tiene sentido si estás inmerso en un proceso de negociación o pretendes estarlo. De otro modo, no va a ninguna parte. Y hay que comprender la valoración como herramienta de negociación.

Como emprendedor, tú no te levantas cada mañana y te preguntas frente al espejo cuánto vale tu empresa. No. A ti lo que te importa, lo que debe importarte, son tus clientes, tus productos y el desarrollo de tu proyecto.

Es cuando buscas inversión cuando debes sopesar lo que vale tu empresa. Y en este sentido se parte de dos puntos bien diferenciados. Por un lado, las necesidades de financiación (el emprendedor); por otro, el apetito por invertir (el inversor).

¿Por qué valorar tu *start-up*?

Los inversores nos encontramos ante dos tipos de empresas buscando inversión. En primer lugar, tenemos la empresa que está en sus primeras etapas y busca dinero para crecer, pero que no ha hecho nunca una ronda de inversión y no dispone de histórico. En segundo lugar, tenemos la empresa que ya tiene un recorrido, con rondas previas de inversión o en fase de venta. En este último caso es relativamente fácil valorar una empresa porque se cuenta con datos. Es en el primer caso cuando es más difícil valorar.

¿Cómo puede valorarse una empresa con poca historia, faltando todavía referencias de rendimiento o eficacia en concreto? Es una pregunta de complicada respuesta, ya que no hablamos de ciencia, sino de arte. Valorar una empresa incipiente es un arte. Y, como todos sabemos, es mucho más difícil explicar el arte que la ciencia.

Establecer una valoración no deja de ser un análisis para dar con un precio inicial de negociación sobre el que trabajar, y se precisa un valor mínimo y uno máximo para crear una especie de horquilla de referencia.

> La clave se encuentra en la perspectiva. Para inversores profesionales en fases iniciales, el valor de una *start-up* se basa en su futuro potencial, no en su pasado.
>
> Y, cuando no disponemos de valoración contable relevante, hay que buscar otras formas. Es el único camino.

¿Y por qué no sirve el valor contable?

La valoración contable suele ser la referencia inicial en el ámbito de la inversión a la hora de examinar una empresa. Lo primero con lo que nos topamos es el valor legal de la empresa: «¿Cuánto vale tu empresa?», «¿puedes mostrarme tu balance económico, tus cuentas y el valor de tus activos?». Pero, claro,

¿cuál puede ser la respuesta de alguien que acaba de comenzar, como quizá sea tu caso: «Dos ordenadores, un par de pantallas, un escritorio comprado en IKEA, algunos utensilios prácticos y poco más». ¿De cuánto estamos hablando? ¿1.000 o 2.000 euros? Quizá puedas añadir el fondo para crear la sociedad limitada y algo de capital... 3.000, 4.000 euros. ¿Es ése el valor de tu empresa? Dicho valor no te interesa a ti ni tampoco a mí como inversor.

¿Hacia dónde vas a partir de ahí? ¿Buscas clientes potenciales? ¿Estás en procesos para firmar contratos? Estas preguntas pueden encaminarte hacia algo más allá.

En cualquier caso, como decía, en la primera etapa de una *start-up*, la valoración contable, el valor de liquidación, no tiene ningún sentido en absoluto.

Los inversores nos servimos de diferentes técnicas para hallar el valor de una *start-up* cuando no existen datos ni referencias contables que puedan tener sentido.

Como emprendedor, a ti te resultará sumamente útil conocer lo que contemplamos los inversores de cara a determinar si vamos a invertir o no en tu empresa.

Vamos a analizar los distintos métodos. Hay uno en particular que yo considero muy importante, y que tiene dos características esenciales. Es el valor que tú, cómo emprendedor, das a tu proyecto, y yo lo llamo «valoración de estómago». Siempre es superior al valor contable inicial, y no es nada científico.

> Un inversor ángel no se dedica a comprar (participación mayoritaria) empresas baratas, sino a invertir (participación minoritaria) en empresas lideradas por emprendedores prometedores que crean empresas que tendrán mucho valor en el futuro.

La «valoración de estómago»

¿Qué es la llamada «valoración de estómago»? Utilizo este término con frecuencia para referirme al instinto, a lo que le dice a uno su propio cuerpo, su yo interior. Utilizar «el estómago» es servirse de esa sensación que te produce a lo que te enfrentas.

Este concepto te resultará clave como emprendedor, y es que es esencial seguir la intuición personal.

Pongo un ejemplo. Imagina que estás negociando con un inversor y te dice que va a invertir 200.000 euros en tu empresa a cambio del 20 por ciento de ésta en participaciones. En ese preciso instante, sin reflexión alguna, sentirás si es adecuado o no para ti. Quizá pienses: «¡Qué locura! ¿200.000 euros por el 20 por ciento? Es una barbaridad. Este tipo está loco. Con todo el esfuerzo que hemos puesto... El producto, la tecnología, el equipo... Mi empresa vale mucho más». O puede que pienses lo contrario, que es un éxito absoluto, que lo que implican tales números es que tu empresa supera las seis cifras.

Depende de muchos factores, pero cada emprendedor puede percibirlo y sentirlo de una manera diferente. Y toda valoración es susceptible de cambiar. Digamos, por ejemplo, y siguiendo con esta idea, que justo esta misma mañana, antes de reunirte con el inversor, tuviste una reunión con los responsables de ventas de El Corte Inglés, y que se concluyó que tienen la intención de distribuir tu producto en toda España y Latinoamérica porque consideran tu proyecto increíble. Puede que, en ese caso, consideres que lo que pide el inversor es excesivo. Pero imagina esa reunión previa a encontrarte con el inversor; ahí escuchaste lo contrario, que tu producto no está completo y que tu empresa carece de experiencia, que sigas trabajando y que en un año volveríais a tratar la cuestión. ¿Qué te parecía la oferta del inversor de ser así?

Lo que dice tu estómago es clave. Y sirve para determinar el valor mínimo, la cifra que estableces como suelo, el límite por debajo. ¿Hasta dónde estás dispuesto a bajar y ceder?

En la primera fase de inversión de una *start-up*, sin datos de referencia ni históricos, el valor mínimo lo estableces tú como emprendedor. Es el punto que te va a permitir acostarte y dormir tranquilo, porque tu yo interior sabe que es la línea que no puedes cruzar. Tú mismo conoces la dilución máxima de capital que estás dispuesto a sufrir a cambio de la inyección de capital.

Es una referencia muy variable, pero está en tus manos como emprendedor. En la primera ronda de inversión, el valor lo decides tú. ¿Por qué? Porque siempre puedes decir que no. Y esto siempre es así.

De igual forma, el «valor de estómago», la intuición, nos sirve a los inversores como criterio a la hora de aventurarnos a invertir en una *start-up*. Hay un componente muy emocional cuando uno piensa en involucrarse en un proyecto y poner su capital en juego. ¿Quiero trabajar con esta gente y verlos durante los próximos cinco años? ¿Quiero de verdad implicarme con ellos? Uno no invierte en gente que no le causa buenas sensaciones. Después de todo, el capital con el que cuenta un inversor ha supuesto sudor y lágrimas. No se invierte, así como así, en cualquier cosa que se te pone por delante.

Tenemos el valor mínimo; veamos la manera en la que los inversores damos con el valor máximo.

Flujo de caja descontado

Puede que el término «flujo de caja descontado» suene a chino, pero es más sencillo de lo que en apariencia puede ser. Esta técnica es la forma más común para valorar una empresa, y no es más que un modo de establecer el valor presente de un activo calculando el valor que tendrá en el futuro su flujo de caja y descontándolo, basándose en la incertidumbre futura de esos ingresos.

Lo que se valora con este método es no lo que vale la empresa hoy, sino sus futuros flujos de ingresos.

Es una técnica empleada habitualmente con empresas ya asentadas, aquellas que disponen de un histórico, porque pueden generarse proyecciones a medio y largo plazo sobre resultados previos, utilizando los datos de crecimiento existentes para obtener un valor atractivo. Sin embargo, no resulta ideal a la hora de valorar una *start-up* en sus primeras fases.

Hablando de este método, me gusta hacer un símil con una de las frases más conocidas de Churchill sobre la democracia; él decía que era el peor sistema de gobierno diseñado por el hombre, a excepción de todos los demás. En este sentido, el flujo de caja descontado (o *discounted cash flow*, DCF) es el peor sistema para valorar una *start-up*, a excepción del resto de las técnicas. ¿Qué quiere decir esto? Pues que es una técnica que no tiene excesivo sentido aplicar para valorar empresas incipientes; pero, a falta de una mejor, es la que utilizamos.

El flujo de caja descontado es cuestionable como referencia para valorar una *start-up*, ya que estamos calculando el valor basándonos en proyecciones hipotéticas no verificadas que ha establecido el emprendedor (en general, de forma muy optimista). Sin embargo, nos permite tener un valor máximo, el precio más alto con el que trabajar. Siempre genera un valor muy elevado, incluso aplicando tasas de descuento severas.

Bien. Ahora contamos con dos valores de referencia, uno máximo, obtenido a través del flujo de caja descontado o un método alternativo, y uno mínimo, la valoración de estómago. ¿Qué hacemos con ello? Pues recurrimos al mercado.

Valoración de mercado (múltiplos y comparables)

Volver la vista al mercado y valorar mediante múltiplos nos permite comparar nuestra empresa con datos «reales».

Buscamos referencias en el mercado, en empresas similares que permitan entender el tipo de operaciones de financiación que se llevaron a cabo. Puede tratarse de una empresa en un mercado parecido, vendiendo o trabajando con un producto de características similares y utilizando un modelo de negocio con muchas semejanzas.

En cierto sentido, lo que los inversores buscamos es comparar manzanas con manzanas, elementos de corte similar que sirvan de referencia.

Pero comparar es diferenciar. Por ejemplo, en el caso de España, el país dispone de un mercado relativamente pequeño. Ahora es muy superior a algunos años atrás, pero en líneas maestras es lo que es, un ecosistema pequeño con un número reducido de inversores reales que invierten de manera regular, con un potencial de clientes determinado y unas características concretas.

Si tomamos como referencia una empresa que ha hecho hace poco una ronda de inversión en un país vecino, pero con dos veces más población, hay que considerar los factores diferenciales. Puede que esa empresa de características semejantes haya conseguido una valoración de 5 millones de euros, pero eso no significa que la tuya consiga la misma cantidad. Puede que consigas menos.

Un error clásico de los emprendedores es utilizar los mismos elementos comparables de empresas mucho más avanzadas o ya reconocidas y aplicar los mismos múltiplos. Habitualmente toman el ebitda (si hay márgenes), la cifra de ventas, el número de clientes u otros KPI específicos de su industria (coste de adquisición de clientes, *lifetime value*), y los aplican como si fuesen una referencia.

Que Facebook o Uber (o la empresa que tú quieras) consiguieran en la misma fase en la que se encuentra tu compañía 100 millones de dólares hace cierto número de años no significa que tú vayas a poder hacer lo mismo ahora. Hay que factorizar los comparables con criterios severos (el tamaño del mercado, la geografía, el ecosistema inversor, etcétera).

Siempre digo a los emprendedores que sólo hay una manera de poder utilizar comparables de compañías de Estados Unidos para valorar tu empresa: viajar y vivir en Estados Unidos.

En cualquier caso, así damos los inversores con un tercer elemento: la valoración de mercado.

El valor mínimo, el máximo y lo que nos dice el mercado son las tres referencias sobre las que trabajamos para valorar una *start-up*, pero no son los únicos criterios a tener en cuenta.

Hay un elemento fundamental que como emprendedor debes dominar y aprender a utilizarlo en tu favor. Ya lo mencionamos en el capítulo anterior, pero hablemos de él ahora.

Generación de FOMO

FOMO es una sigla que responde a *fear of missing out*, es decir, la sensación de urgencia para cerrar una operación, un efecto en la mente y la percepción del inversor de cara a que éste se decida a participar en tu proyecto empresarial.

Cuando dominas y controlas los tres métodos anteriores, debes crear FOMO. Conoces tu mínimo, te lo dice tu estómago, y tienes una visión ambiciosa y optimista del futuro. El flujo de caja descontado te ha permitido proyectar buenos números para años venideros. También dispones de los comparables, las referencias de otras empresas y rondas de inversión asociadas. Entiendes tu entorno, conoces a tu equipo y sabes de cuánto dinero dispones. Tienes todo a tu disposición para generar ese sentido de apremio para cautivar a los inversores.

Los inversores no tenemos prisa ninguna. Piensa que, si no invierto en tu empresa, habrá otra disponible en la que hacerlo. Y no me urge tomar una decisión sin tener datos reveladores que me satisfagan. Está en tus manos hacerme sentir que, si no invierto en el momento que me lo propones, será una oportunidad perdida, completamente desaprovechada. Una decisión que me quitará el sueño por haberme equivocado.

Generar FOMO es esencial. Y tú, como emprendedor, puedes hacerlo de diferentes maneras. Debes generar métricas atractivas, establecer fechas concretas y cumplirlas, marcar plazos y crear expectativas. Tu manera de comunicar es importante. Si estableces un límite para que un inversor te responda si participa o no, sé consecuente. Y también puedes servirte de la reputación de otros inversores que ya se hayan comprometido con tu proyecto para lograr la inversión de otros.

Confieso que la mejor inversión de toda mi carrera la realicé gracias al FOMO. En un primer momento, le había dicho al emprendedor en cuestión que no invertiría. Consideraba la valoración excesivamente alta, 3 millones en ese momento. Se marchó, y un mes más tarde volvió a contactarme, diciéndome lo siguiente: «Mira, ya he completado la ronda. En este proyecto han invertido tus amigos David y Daniel, y yo quiero que tú estés. No te necesito porque la ronda ya está cerrada, pero si tomas la decisión de entrar con la valoración que te había indicado antes de mañana a mediodía, te dejo entrar». Recuerdo que aquel día pensé mucho, sopesando pros y contras, y terminé por decidirme. A la mañana siguiente, con una llamada telefónica confirmé que invertiría. Y vaya si fue una buena decisión... La empresa en cuestión ahora es un unicornio. Estuve a punto de dejarlo pasar porque una valoración de 3 millones me parecía muy elevada, cuando yo consideraba que lo adecuado era 2,7. En una ronda reciente, dicho proyecto empresarial está valorado en más de 1,2 billones de euros. Hubiera sido un tremendo error no haber invertido, pero lo hice porque el emprendedor supo crear en mí ese miedo a perder la oportunidad. Y mi «estómago» (¡que también sirve para el inversor!) me dijo que debía hacerlo.

Por último, además de las referencias económicas y del FOMO, los inversores consideramos otras variables o factores complementarios cuando nos encontramos ante la valoración de una empresa. Veámoslas...

Otras variables

Evaluar una empresa para estimar su posible valoración siempre resulta complejo, sobre todo si ésta apenas tiene recorrido en el mercado. Como ya hemos podido apreciar, intervienen numerosos criterios.

Hay otras tres variables que juegan un papel importante en una valoración: las tendencias, la experiencia del equipo y el tiempo.

Las tendencias las marca el momento, y se hace necesario estar al tanto de lo que ocurre local y globalmente. No todo funciona siempre. Por ejemplo, hace unos años pegaban fuerte la tecnología cripto y el *blockchain*. Ahora es todo inteligencia artificial (IA). Las industrias suben y bajan, pasan de moda..., y eso es algo que debemos tener en cuenta. Hace diez años, el *e-commerce* generaba múltiplos elevadísimos, lo cual no ocurre en este momento. La evolución de los mercados afecta, y mucho, al valorar una empresa. No es controlable, nadie puede anticiparse al futuro o a lo que va a ocurrir, pero ahí ya entra la intuición o el conocimiento de cada uno.

En cuanto a la experiencia del equipo, como seguro que puedes imaginar, no es lo mismo rodearte de personas que ya han hecho ganar dinero a otros inversores en el pasado que de gente en su primera experiencia profesional. El histórico, en este sentido, afecta. Además, si el equipo dispone de experiencia, con mucha probabilidad tendrá capacidad para negociar un valor superior. La veteranía es un grado y el buen hacer demostrable agrada a los inversores. Dicho de otra forma, la próxima empresa de Elon Musk vale más que la tuya.

La tercera variable es el tiempo. Ya he mencionado la importancia de este elemento para el inversor, pero debes ser consciente de que puede afectar a la valoración. Como emprendedor, tú necesitas tiempo si quieres negociar buenas condiciones de inversión. ¿Qué quiero decir con esto? Sencillo. Pregúntate cuánto dinero te queda en caja y cuántos meses le quedan de vida a tu empresa con ese colchón económico. Cuando buscas inversores, disponer de seis o nueve meses supone que te puedes permitir que los inversores compitan. En cambio, si sólo cuentas con seis semanas de dinero, lo que necesitas es capital para sobrevivir. En este caso, tu fuerza de negociación es mucho más débil.

Es tiempo de vida.

El método *venture capital* (VC)

En este apartado es importante resaltar un método de valoración utilizado por los inversores profesionales que agrega varias dimensiones a los métodos que acabamos de comentar desde el punto de vista del inversor y su objetivo de retorno de inversión. Se denomina método *venture capital* (VC).

Este método parte del único dato concreto extraído de una ronda de inversión. ¿Cuánto dinero «levanta» el emprendedor? El objetivo de retorno de inversión que busca típicamente un inversor profesional en estas etapas tempranas es un múltiplo de diez en cinco años. Es decir, el inversor espera multiplicar su inversión por diez (vender su participación a un valor diez veces superior) en un plazo de cinco años.

Por lo tanto, basándose en el descuento de flujo de caja, en múltiplos y comparables de mercado y en su propia «experiencia», el inversor calcula el valor que cree que podría tener la empresa, no ahora, sino dentro de cinco años (a la salida).

En consecuencia, y aplicando una regla de tres, el emprendedor puede evaluar qué porcentaje de la empresa necesita hoy a cambio del dinero que precisa la empresa emergente. Si este porcentaje es cercano a las aspiraciones del emprendedor y se encuentra dentro de los parámetros de las diluciones que contempla el inversor, se da una situación idónea para negociar.

Éstos son los elementos y las técnicas de los que un inversor se sirve a la hora de valorar una *start-up*. Haz buen uso del conocimiento y lograrás hablar el mismo idioma que los inversores. Te hará falta.

Aunque no lo creas, como emprendedor, recaudar fondos es una parte de tu vida tan importante como el propio trabajo en la empresa (por lo menos, hasta que tu modelo de negocio sea rentable). Y así debes visualizarlo. Recaudar fondos es un trabajo en sí mismo, y no es un trabajo que pida poco de ti. Al contrario, podría decirse que es un trabajo a tiempo completo. Y hay que estar preparado para ello, porque puede que el buscar inversión lastre el desarrollo empresarial y que, de algún modo, eso repercuta en la imagen que se forman los inversores de tu empresa.

¿Cuánto tiempo vas a dedicarle al trabajo en sí y cuánto tiempo vas a dedicar a buscar fondos? Debes trabajar en los contactos, los borradores, las presentaciones... También debes reunirte con inversores, lo que supone preparar las reuniones, desplazarse... ¿Está tu empresa preparada para no verse afectada? ¿Van a estancarse tus ventas o el crecimiento de la empresa durante el proceso? Porque hablamos de un proceso que puede prolongarse de tres a seis o nueve meses. Si los números de tu empresa se ven afectados durante ese tiempo, puede que a mí como inversor eso me indique que la empresa no está lo suficientemente madura como para sacar adelante de forma simultánea el trabajo y la búsqueda de capital. Lo cual me llevaría a pensar que no es el momento oportuno para invertir.

Como emprendedor, debes saber encontrar el momento adecuado. Y lo que es más importante, debes transmitir credibilidad.

Llegado este punto, es importante mencionar una vía alternativa para la financiación de las *start-ups* que permite NO valorar la empresa en este momento y a la vez recaudar dinero para el crecimiento: la nota convertible.

La nota convertible es un préstamo (deuda) con un derecho a convertirse en capital en el futuro (cuando tengamos suficientes datos para valorar la empresa). Os explico en detalle cómo funciona en el glosario. Las notas convertibles (o su versión americana, el SAFE) son cada vez más populares entre inversores.

Ya conoces cómo piensa un inversor y los criterios que usamos para hacer la valoración de una empresa antes de invertir. ¿Pero basta con eso?

¿Cómo transmitir credibilidad a los inversores?

Si lo que pretendes es crecer, más tarde o más temprano tendrás que sentarte ante un inversor en una mesa de negociación; y has de saber que es vital que logres transmitir credibilidad. Un *business angel* no va a invertir su capital en tu empresa si no confía en ti o en tu proyecto.

El primer consejo que puedo darte es que no busques inversión si no estás preparado. Debes hallar la ocasión apropiada y conocer tus limitaciones. Como te explicaba, debes considerar la búsqueda de capital como un trabajo en sí mismo.

La búsqueda de inversión como trabajo

Visualiza el escenario. Cada día trabajas entre diez y doce horas (no nos vamos a engañar, emprender es muy sacrificado). Sin darte cuenta, son las diez de la noche, y determinas que es el momento de ponerte con las tareas para recaudar fondos. ¿Cómo de cansado estás? ¿Puedes preparar adecuadamente la documentación que te hayan solicitado? ¿Cuánto tiempo ha pasado desde que recibiste ese correo que tienes que contestar con cierta premura?

Cuando charlo con emprendedores en fase de busca de capital siempre sugiero que exista en la empresa la figura de alguien que se ocupe de los números, de la documentación financiera. Me refiero a una persona que recaude información estratégica y que pueda preparar todos los materiales necesarios para la comunicación con los inversores.

Hay muchísima gente hábil e inteligente que quiere trabajar con *start-ups* y participar en las rondas de inversión. Y esa persona podrá dedicarle las horas necesarias a todo lo relacionado con esta cuestión. De este modo, no dejarás de lado la operación de tu empresa.

Según mi experiencia, las compañías que se toman muy en serio la recaudación de fondos son las que salen adelante y logran sus objetivos en relación con los inversores. La búsqueda de inversión no es un proceso oportunista, requiere estrategia y esfuerzo.

Es muy importante disponer de tiempo, poder ofrecer dedicación y disponer de documentación de primer nivel para solventar cualquier tipo de inquietud que pueda surgir. Los inversores queremos entrega y buenas artes.

Piensa lo siguiente: si no muestras mayor interés o no se aprecia tu efectividad y esfuerzo a la hora de buscar inversión, ¿por qué iba yo a invertir en tu proyecto?

> Cuando estás en fase de búsqueda de capital (y conseguirlo es una parte vital de la estrategia), esto debe convertirse en tu prioridad. Es lo primero que debes tachar de la larga lista de tareas del día. Y debes asegurarte de que tienes los recursos humanos necesarios para cubrir tu actividad como gestor de la empresa y también el *back office* en preparación de la ronda.

Dos elementos clave a evitar son los siguientes: que las ventas bajen porque te estás dedicando a buscar inversión; y no dedicar el tiempo adecuado y no conseguir inversores.

Si se dan alguna de estas dos situaciones, los inversores lo tomamos como un índice de que tu compañía no está lista para gestionar el alto crecimiento que buscamos y al que aspiramos.

Para el crecimiento de una empresa, uno de los secretos es saber formar equipo para cubrir las necesidades del momento. Demostrar pronto la propia capacidad ayuda a levantar capital.

Enfrentarse al revés y al rechazo como oportunidad de mejora

El segundo consejo que puedo ofrecerte es que no temas equivocarte o que un inversor rechace invertir en tu proyecto. Es el pan de cada día.

Te vas a reunir en multitud de ocasiones con inversores y recibirás muchas respuestas negativas, pero tienes que aprender a lidiar con ello y que te sirva. Con cada reunión, con cada rechazo, vas a aprender un poco más sobre cómo tratar con un inversor en una mesa de negociación.

Debes desarrollar habilidades comunicativas y para explicar lo que deseas y que puedes presentar, y esas aptitudes se obtienen con la experiencia y el trato.

No conozco a ningún emprendedor que no haya pasado por una lista infinita de inversores que rechazaron la oportunidad de invertir en su empresa. No te desanimes, es normal. Pero escucha por qué y adapta tu discurso.

Puede que salgas de una reunión con la sensación de no haber explicado bien un determinado aspecto, pero el error o esa carencia te permitirá hacerlo mejor en la próxima reunión.

Si dispones de la documentación adecuada y de un buen proyecto, es cuestión de dar con el inversor adecuado para ti y tu empresa.

> Los inversores solemos decir siempre «no». Y a veces, decimos «sí». Acepta las reglas del juego. La mejor manera de no lograr cerrar una ronda es no visitar a los inversores por temor al rechazo.
>
> Es muy común que una *start-up* acabe cerrando una ronda de inversión con menos del 2 por ciento de todos los inversores con los cuales ha interactuado. Si te has visto con doscientos, tendrás cuatro. Si han sido diez, no tendrás ninguno.
>
> Confía en ti mismo.

Conoce tu mercado (*bottom-up*)

Que seas capaz de explicar tu capacidad para acceder al mercado que tienes como objetivo transmite una gran dosis de credibilidad a tu proyecto.

El «cementerio de las *start-ups*» está repleto de empresas que apuntaron hacia un mercado demasiado grande y no supieron cómo llegar a sus clientes. Y el mercado puede ser enorme, lo que sobre el papel te confiere muchas posibilidades de crecimiento y beneficios, pero eso no significa nada si no sabes cómo acceder y hacerte un hueco.

¿Cómo consigues esto? Entendiendo las necesidades de tus clientes pioneros potenciales, es algo que ya he mencionado como importante a lo largo del libro.

> Recuerda que, en un entorno en el cual tus dos recursos más importantes (y escasos) son el tiempo y el dinero, no puedes tratar de abarcar a todo el mundo. Tienes que encontrar tus usuarios pioneros y las características especiales que los definen.
>
> Son conscientes de que tienen un problema, lo han tratado de resolver ellos mismos o han buscado una solución en el mercado con la que no están satisfechos y tienen el presupuesto. En pocas palabras, ¡te necesitan ya!, son lo que lo llamo «tus frikis». Encuéntralos... En general, están en el mismo lugar (offline y online).

Yo, por ejemplo, desde que tengo cuarenta años, corro, nado y salgo con la bici: hago triatlón. Soy un friki de las zapatillas de correr. Tengo diez pares distintos de la marca ON. Hoy patrocina a la «número uno» de la WTA, pero hace diez años no eran *mainstream*, y nadie los conocía, sólo frikis del triatlón a los que nos interesaba tener las deportivas más ligeras del mercado.

El mercado inicial al cual puedes acceder no es cualquier mercado. No todos tus clientes te valorarán de la misma forma.

Tratando con inversores, si quieres transmitir credibilidad, no te centres en el tamaño del mercado únicamente, sino en cómo accederás a tu parte de éste. ¿Cuál es el coste de adquisición de tu cliente? ¿Cuáles son las primeras personas que buscarás como clientes potenciales y cómo vas a relacionarte con ellas?

Demuestra tu capacidad para introducirte en el mercado que tienes como objetivo, y tu proyecto será creíble.

No olvides que hay dos hipótesis no verificadas que sostienen todas las oportunidades de negocio. La primera es que puedes (tú o tu equipo) diseñar el producto o el servicio. La segunda es que hay suficientes «interesados» para montar un negocio.

Acceder al mercado con un MVP y tener clientes pioneros las resuelve.

> No hay «mercado», sólo pruebas de mercado, las ventas. Todo lo demás son palabras. La accesibilidad al mercado se demuestra vendiendo o teniendo usuarios (dependiendo del modelo de negocio).

Propuesta de valor sólida

Con una empresa en una etapa muy temprana de desarrollo, has de ofrecer al inversor una inversión atractiva sustentada con datos. No vas a poder gozar de ninguna ventaja competitiva en un principio. Que cuentes con una patente, que tengas una tecnología innovadora o que seas el primero en hacer algo no te garantiza nada en absoluto. El mercado no lo percibe así. Tales elementos no demuestran que seas capaz de mantenerte o desarrollarte con robustez.

Imagina que ofreces una nueva y jamás antes vista manera de resolver algún tipo de necesidad de una persona. Es muy innovadora, sí, pero existen otras formas. ¿Por qué iba el cliente potencial a cambiarse sin ningún tipo de beneficio económico? Somos humanos, animales de costumbres. ¿Por qué iba yo como consumidor a cambiar a una solución alternativa para esa necesidad hipotética si ya la tengo resuelta? ¿Me ofreces algún tipo de incentivo? ¿Va a ahorrarme dinero? ¿Tiempo? ¿Algún beneficio atractivo?

Considera que la propuesta de valor tiene que ser atractiva en términos económicos, no sólo en cuanto a las características que tu producto ofrece.

> Los inversores valoramos una propuesta de valor robusta si ofrece un producto o un servicio mejor que lo ofrecido por la competencia y a un mejor precio (es decir, con menores costes). Busca estas dos características y valídalas con el mercado.

Tu equipo

La viabilidad de una posible inversión en una etapa inicial comienza con el equipo. Es uno de los fundamentos de la credibilidad que tú, como emprendedor, puedes presentar.

Todos los inversores nos preguntamos en primera instancia si el equipo detrás del proyecto que estamos valorando puede implementar el plan de negocios. ¿Puede ese equipo hacer crecer la empresa? ¿Va a lograr generarme un retorno como inversor?

Para reflejar credibilidad en relación con el equipo, lo primero que necesitas es gente comprometida, personas que estén contigo a tiempo completo y que sean capaces de soportar los altibajos del camino. Si tú o tu equipo no estáis comprometidos con el proyecto, te garantizo que ningún inversor va a involucrarse contigo ni poner en juego su capital.

Más allá de las ganas y del compromiso, los inversores confiamos en proyectos cuyo equipo sea capaz de comprender el aspecto comercial de la empresa, que, de algún modo, comprenda las necesidades de los clientes.

A la hora de formar tu equipo y de ir a buscar inversión privada, conseguirás credibilidad si muestras tu capacidad para crear un equipo con habilidades complementarias. Imagina que tu *start-up* trabaja en el ámbito tecnológico, que tu producto es una aplicación revolucionaria y que todo tu equipo está especializado en código y desarrollo. Puede que creas que dispones de todo lo necesario para que un inversor apueste por tu proyecto, pero no será necesariamente así. Te falta el conocimiento del mercado y las capacidades para acceder a él.

El equipo ha de contar con conocimientos teóricos y prácticos. Necesitarás gente capaz, inteligente y ambiciosa, pero también con experiencia en diferentes campos. Necesitarás personas con distintos perfiles y, probablemente, también de diferentes edades.

Esto no significa que necesites un equipo perfecto; ya he hablado páginas atrás sobre que no existe el equipo perfecto y que hay que saber adaptarse a cada momento del desarrollo empresarial para transmitir credibilidad y generar confianza en un inversor.

Los inversores no invertimos en empresas para que se queden pequeñas, sino en organizaciones con un alto potencial de crecimiento. Cuanto antes puedas demostrar esta facultad de contar con un equipo con capacidades complementarias (técnicas, comerciales, etcétera) y diferentes perfiles (hombres y mujeres, jóvenes y viejos, extrovertidos e introvertidos, etcétera), más credibilidad generarás.

Una empresa que aspira a ser grande es capaz y necesita integrar todos los perfiles de nuestra sociedad en su propia cultura. Ya no estamos en el mundo de IBM con únicamente hombres vestidos con traje. No busques gente idéntica para tu equipo. Más bien, todo lo contrario.

Por ejemplo, trata de contar desde el principio, sean fundadores o entre los primeros empleados, con gente con conocimientos de ambos lados del mercado, de la oferta y la demanda, y también del diseño de producto. Eso ofrece ventajas sólidas. Y trata de acortar la curva de aprendizaje, lo cual ahorra tiempo y dinero, y aumenta el valor del retorno del inversor.

Los equipos que nos hacen ricos a los inversores son aquellos que cuentan con personas con capacidad de liderar equipos, capaces de pasar de ser excelentes profesionales (*doers*) a grandes líderes (*managers*).

Un amigo mío, emprendedor de mucho recorrido y éxito, siempre me dice: «Cuando tu equipo se pregunta qué estás haciendo, a qué dedicas tu día de trabajo o a qué te dedicas realmente, es una buena noticia. Significa que has creado un equipo eficaz que "hace" mientras tú te dedicas a gestionar».

> El crecimiento de una empresa pasa por la capacidad de los emprendedores de liderar equipos complementarios, de crear una línea de mando (ejecutivos de nivel C, o *C-Suite*, los jefes) alineada con los valores básicos. Y nunca es demasiado pronto para ponerse con ello.

La escalabilidad

Otro elemento que fomenta la credibilidad de tu proyecto es que presente un modelo que pueda escalar. ¿Qué significa esto? Que al crecer vaya a generarse más margen de beneficios.

Hoy en día, la escalabilidad se confunde en muchas ocasiones con el crecimiento exponencial. Escalar no significa únicamente que puedas vender más, tampoco que puedas saltar al mercado de otro país. Escalar es que, por mucho que crezcas, en el proceso generas más margen de beneficio. En otras palabras, que, cuanto más grande seas, más dinero ganas por unidad económica, no en términos absolutos.

La escalabilidad es lo que los inversores privados y los de capital riesgo buscamos en una empresa.

La escalabilidad es un punto importante para que un inversor confíe en tu empresa. No necesariamente implica que una *start-up* sin escalabilidad no vaya a lograr inversores, depende de muchos factores, pero en este caso la valoración resultaría más baja.

¿Recuerdas cómo valoramos los inversores una empresa? Un modelo escalable es intrínsecamente más rentable en el futuro, proclive a generar un retorno elevado al inversor y propiciar salidas. La capacidad de escalar es un rasgo muy importante para los inversores porque se enfoca en la «salida», la venta de acciones, en un futuro a medio o largo plazo.

Escalar implica pasar con éxito de los usuarios pioneros al «resto de la población», a lo «gordo del mercado». Eso se conoce como *cross the chasm*. Y, en muchos casos, implica cambiar las hipótesis iniciales.

Para escalar, es importante que puedas adaptarte a los cambios, porque las necesidades iniciales no son siempre las mismas que se tienen dos años después. Tomemos como ejemplo Glovo, la compañía que se convirtió en uno de los primeros «unicornios» de España y una de las empresas de reparto más exitosas del mundo. Durante los dos primeros años, estuvo al borde de la bancarrota en tres ocasiones. Glovo nació imitando el modelo de Postmate, una empresa estadounidense de distribución. En general, si copiamos un modelo que funcionó en Estados Unidos hay una alta probabilidad de que también funcione en España algunos meses después (fíjate en las aplicaciones que tienes en tu teléfono y te darás cuenta). Partía de la base de que cualquiera está dispuesto a pagar para que le entreguen lo que sea en la puerta de su casa. En las fases iniciales funcionó a la perfección importar el modelo de Postmate, pero, dieciocho meses después de comenzar su andadura, lo asumido al principio no se aplicaba de igual modo.

En el caso de Glovo, se tuvieron que modificar tres cosas fundamentales: dejar de asumir que la gente sabe lo que quiere comer cuando abre la aplicación (lo que supone cambiar la experiencia de usuario), dejar de cobrar la mayoría del coste de transporte al usuario final para que se hicieran cargo restaurantes y socios (cambiar la experiencia del proveedor) y, por último, reorganizar la empresa para implementar estos cambios de manera rápida y eficaz (cambiar la experiencia de los empleados).

> Escalar se consigue con un modelo de negocio inicial capaz de crecer en ingresos y mejorar en costes, pero también a través de la búsqueda constante del encaje producto/mercado, de las palancas de mejora de las métricas y la capacidad de adaptarse a las necesidades del mercado. No es fácil, pero estos tres rasgos son en los que te tienes que centrar.

Llegados a este punto, ya nos conoces mejor. Sabes cómo pensamos los inversores, nuestros objetivos, lo que nos satisface y lo que nos transmite credibilidad. También sabes cómo hablamos y lo que deseamos de ti como emprendedor y lo que esperamos de tu proyecto.

Hablemos ahora del proceso de inversión.

El proceso de inversión

Antes de nada, preguntémonos por qué los emprendedores no recurren, en general, tanto como deberían a la inversión privada.

En mis numerosos encuentros con emprendedores, he advertido que muchos, sobre todo aquellos con poca experiencia empresarial, sienten aversión a dar entrada a inversores por temor a la pérdida de control. Así, bastantes evitan recurrir a la inversión, lo que a la larga termina por resultar fatal, pues llega un punto en el que la empresa se estanca y se hunde.

Pero se dan otros factores que podrían situarse antes en una escala temporal.

Mis alumnos de las escuelas de negocios suelen preguntarme cómo acceder a potenciales inversores y a sus redes. Y es una pregunta que cualquier emprendedor debe hacerse. El inversor no va a llegar a ti a menos que lo busques.

En busca de inversores

¿Cómo puede uno encontrar gente interesada en invertir en un proyecto? Hoy en día, las redes sociales nos permiten un nivel de interacción espectacular. Es muy fácil entablar un primer contacto. A veces basta con un simple correo electrónico para iniciar un proceso. Pero... ¿es éste el camino adecuado?, ¿es el camino que más probabilidades de éxito ofrece?

Existen asociaciones de emprendedores, canales de YouTube especializados, pódcast, blogs y medios de comunicación en los que puedes hallar nombres e información. Vale... ¿Y qué?

Otros emprendedores, sean de tu sector o no, pueden ser de mucha utilidad a la hora de buscar inversores. Puede que éstos ya hayan pasado por alguna ronda de inversión o que conozcan a gente que pudiera estar interesada en tu proyecto. Charla, relaciónate, busca contactos.

Acude a puntos de encuentro entre emprendedores e inversores, a foros de inversión donde poder presentar en vivo tu proyecto a muchos inversores, a charlas y coloquios de especialistas... Sé visible.

A través de las relaciones con otras personas llegarás a inversores potenciales.

Ahora bien, como emprendedor tienes mucho tiempo para dedicar a tu proyecto, pero, a lo largo de este libro, ya hemos hablado en varias ocasiones de que nosotros los inversores no tenemos tanto tiempo. Tienes que cuidar el factor tiempo. (Veremos cómo en páginas posteriores.)

Deja que te hable en plata: el mercado de inversión en *startups* no es un mercado equitativo. Hay más demanda de dinero (emprendedores que necesitan capital) que oferta (inversores que quieren invertir). ¿Qué significa esto? Que de cada cien proyectos que me llegan, invierto en cuatro o cinco. No más. Tú estás muy interesado en que invierta. Pero yo, si no invierto, no sufro ninguna consecuencia. Eres tú quien tiene que buscarme y convencerme para que te dedique mi tiempo, que es mi recurso escaso.

Pregúntate lo siguiente: ¿tienes más probabilidad de encontrar trabajo a través de Infojobs o mediante contactos? ¿Tienes más probabilidad de encontrar financiación para tu *start-up* enviando un correo electrónico a info@empresax.com o mediante una introducción de un amigo en común?

Paul Graham, el fundador de Y Combinator, dice: «Si me envías un e-mail en frío, considero que no sabes cómo entrar en contacto conmigo de manera profesional».

No tengo tiempo de atender a todos los emprendedores que me solicitan. No puedo. Por lo tanto, doy prioridad a los que conozco, a los que vienen recomendados (por otros emprendedores en los cuales invertí o por colegas de inversión) o a aquellos que son reconocidos. Los demás tienen muchas posibilidades de quedarse en el limbo... Esto puede sonar duro, pero es así.

En cualquier caso, recuerda que uno ha de estudiar muy bien el perfil de los inversores potenciales. Ya hablamos páginas atrás de la necesidad de relacionarse con inversores que puedan estar interesados realmente en tu proyecto.

Fases del proceso de inversión

Como ya he mencionado en algún momento, el proceso de búsqueda de inversores y recaudación de fondos puede dilatarse de tres a nueve meses. Es el margen de tiempo habitual.

Tenemos que comprender este proceso como un intercambio de información que requiere tiempo. El emprendedor aporta información sobre su proyecto y el inversor se interesa por él mientras aporta sus propios conocimientos al desarrollo.

Este proceso se compone de varias fases que podemos diferenciar perfectamente y para las que tú, como emprendedor, debes prepararte de manera distinta. El tipo de comunicación que se requiere en cada una no es el mismo. Esto es muy importante. Como puedes imaginar, no es igual la manera en la que presentarás tu proyecto en vivo, sobre un escenario, a cómo lo harás en una reunión a puerta cerrada.

Dicho esto, podemos distinguir seis fases.

Las fases con mayor «tasa de mortalidad» o de rechazo son las dos primeras. Son críticas, pues son en las que un proyecto tiene más probabilidades de ser descartado por los inversores. Cada fase es un paso hacia el acuerdo final. A medida que se avanza, sólo van quedando los mejores (o los más preparados).

Así se presentan las fases...

1. Primer contacto

La toma de contacto inicial. En este punto, como emprendedor presentarás tu proyecto a grandes rasgos, sea en vivo (*elevator pitch*) o mediante un documento escrito conciso y directo (*one-pager*).

Puede tener lugar de manera privada, tú mismo enviando un correo a un inversor cuyo contacto te han facilitado, o de manera pública, como podría ser el caso de un foro abierto en el que emprendedores presentan sus proyectos ante distintos inversores.

En esta primera fase, tu objetivo es despertar el interés. Aquí, los inversores decidimos mediante un análisis superficial si nos interesa analizar tu propuesta o no.

Se estima que los inversores dedicamos un promedio de tres minutos a leer la información enviada en un correo. Sé directo, conciso, enfócate en los criterios que utilizamos..., o muere.

Tu objetivo en esta fase no es cerrar un acuerdo, sino convencer a tus interlocutores de que merece la pena que dediquen más tiempo al análisis de tu proyecto.

Es importante que cubras los criterios de selección iniciales de los inversores: mercado, equipo, propuesta de valor, momento y escalabilidad.

Y recuerda: tres minutos.

2. Presentación individual o a un grupo reducido de inversores

De cada cien proyectos, únicamente treinta logran llegar a esta fase. Los demás no pasan del primer contacto.

En este nivel se hace una presentación más extendida a los inversores, y hay lugar a un turno de preguntas.

Los inversores, en este punto, ya sienten cierto interés en tu proyecto, pero quieren conocer lo que hay detrás y lo que puedes proyectar.

El objetivo en esta fase es lograr nuevas reuniones, acceder a una ronda de presentación más exclusiva.

Mantente dentro de los quince minutos, añadiendo luego lo necesario para preguntas y respuestas.

3. Presentaciones posteriores

De los treinta proyectos que habían superado la primera fase, únicamente quince llegan a esta nueva etapa. El resto se quedan en la primera reunión.

La tercera fase es una prolongación de la anterior. Una reunión entre tu equipo y un grupo aún más reducido de inversores (los que hayas logrado convencer para seguir en el proceso), en la que tú, como emprendedor, amplías la presentación base y respondes a preguntas algo más específicas.

En este punto se te cuestionará el negocio, el equipo y la capacidad para llevar a cabo lo que pretendes.

Al ser un encuentro reducido, es el espacio oportuno para profundizar en muchos aspectos y conocer más en proximidad al emprendedor y a su equipo.

Como puedes apreciar, son muchas las negativas a involucrarse en tu proyecto alcanzada esta fase. Más de ocho de cada diez potenciales inversores desde el primer contacto han rechazado participar. Por eso, insisto con frecuencia en que tienes que estar preparado para enfrentarte al rechazo y que te sirva para salir más fuerte.

Tu objetivo en esta etapa (que puede prolongarse bastante tiempo e involucrar un intercambio importante de información) es contestar todas las preguntas que puedan surgir y avanzar hacia un potencial acuerdo. Mediante el *term sheet* y las condiciones del acuerdo de inversión llegarás al siguiente nivel.

4. Definición del acuerdo

La antepenúltima fase ya se enfoca en el cierre del proceso. En este punto, tú y tu equipo os reuniréis con los inversores para determinar la valoración consensuada de la empresa y definir las líneas maestras del acuerdo.

Todavía es posible que algún inversor decida retirarse antes de la última fase. Es el punto crítico para que los inversores determinemos si vamos a aportar capital o no.

5. Due diligence

La fase del *due diligence* puede solaparse en muchos casos con la definición del acuerdo (incluso podría tener lugar antes).

El término *due diligence* hace referencia al proceso de investigación y análisis que los inversores realizamos para validar la veracidad de todas las informaciones que has compartido con nosotros hasta ahora; a todos sus niveles, operativo, legal, financiero y comercial.

En esta fase te reunirás, junto con tu equipo, con inversores ya muy centrados en tu proyecto. Y no sólo con los que hayan llegado hasta aquí partiendo de las fases anteriores, sino también con otros posibles interesados. De hecho, es posible que haya cierta evocación de fases anteriores y se retroceda.

Este proceso se hace más completo y profundo a medida que la empresa crece. En etapas iniciales de desarrollo de las empresas, suele ser relativamente sencilla y rápida, ya que no hay mucho que repasar.

Esta fase suele estar liderada por el inversor que más dinero se compromete a invertir, que ejerce de líder.

Alcanzado este nivel, desde que se inició el proceso, puede que hayan transcurrido más de seis meses. Es el caso cuando te relacionas con inversores privados sin excesiva experiencia. Tratándose de inversores ángeles como yo, con bastante recorrido, o con fondos de capital riesgo, esta fase debería alcanzarse como mucho en seis meses.

Los inversores presentes en este nivel están bastante decididos a continuar. Todavía alguno abandonará el proceso, pero el porcentaje no cae de una manera grave y pronunciada.

En la reunión que tiene lugar dentro de esta franja temporal, inversor y emprendedor comienzan a revisar a fondo el plan de negocio y la situación actual de la empresa. (Sobre el plan de negocio hablaremos un poco más adelante.) También se realizan preguntas y se presenta documentación financiera.

6. Cierre del acuerdo

Finalmente llega la última parte del proceso. La tasa de éxito se ve reducida a menos del 10 por ciento. En un primer contacto, contabas con un número muy nutrido de inversores, pero, de entre todos ellos, sólo 1 de cada 10 ha llegado hasta este punto.

Antes de cerrar el acuerdo, los inversores siempre realizamos un análisis exhaustivo de la empresa y proponemos (o exigimos si tenemos mucho poder de negociación) ciertas modificaciones. Buscamos que haya un alineamiento con el equipo y el proyecto y que se establezcan reuniones periódicas para ajustar expectativas y se reporte el progreso.

A partir de este momento, como emprendedor al frente de un proyecto empresarial, contarás con una inyección de capital, nuevos socios y una ruta para prosperar y continuar trabajando.

Una vez establecidas las fases del proceso de inversión, centrémonos en los materiales y lo que precisas para avanzar con buen pie y lograr el cierre de un acuerdo de inversión.

Materiales de comunicación con inversores

Si hemos definido las fases del proceso de inversión antes de hablar de los materiales requeridos es por una razón. Cada uno de los elementos debe usarse en función de la fase en la que nos encontremos. No tiene sentido apresurarse o servirse de documentos inapropiados en una fase en la que no corresponde. Por ejemplo, ¿qué sentido tiene presentar el plan de negocio con datos concretos, ahondando en detalles y cuestiones particulares, cuando el inversor ni siquiera sabe nuestro nombre o no tiene idea sobre el ámbito en el que se va a desarrollar nuestro proyecto? Ninguno. Hay que saber dónde nos encontramos y con quién estamos tratando.

Son cuatro los elementos fundamentales a la hora de relacionarnos con inversores para tratar de captar su interés y para que éstos quieran saber más acerca de nuestro proyecto y, más tarde, directamente, involucrarse en él.

Así, distinguimos los siguientes...

El elevator pitch *(una charla de no más de tres minutos)*

Muchos creen que el *elevator pitch* tiene que ser un plan de negocio resumido en menos de tres minutos, pero no, se equivocan. No puede ni debe ser así. No se trata de un resumen del plan de negocio.

El *elevator pitch* es una presentación en persona, física, en contacto con tu interlocutor, que ha de ser muy impactante, dinámica y muy clara. Es un resumen acerca de tu proyecto y de lo que ofreces. Su objetivo es persuadirlos de que tiene sentido escuchar o leer más.

Es importante transmitir en todo momento tu compromiso y tu pasión por el proyecto que estás presentando. Pero no creas que esto es suficiente. Como dice un inversor amigo mío: «Todos los emprendedores buenos en los cuales he invertido son comprometidos, apasionados y dedicados al 200 por ciento. El problema es que los malos también lo son». Es una condición imprescindible, pero no suficiente.

Más adelante hablaré del *one-pager*, que es la versión escrita del *elevator pitch*. Pero ahora centrémonos en la versión presencial. Y se deben distinguir dos tipos. El *one to one*, un encuentro más íntimo, de tú a tú, con un inversor, y el que se realiza en un foro, ante una audiencia.

Imagina que, de algún modo, el *elevator pitch* es la carta de presentación de tu *start-up*, la primera imagen que se van a llevar de ti. Debes resultar cautivador, sincero y resolutivo. Transmitir credibilidad.

Y debes tener algo muy presente. Con el *elevator pitch* no estás tratando de que el inversor quiera darte su dinero y sumarse a tu proyecto. No. Lo que necesitas es ofrecer algo lo suficientemente atractivo que derive en una conversación. Convencer y persuadir.

Utiliza esta oportunidad para explicar cómo tu negocio va a marcar la diferencia y resaltar tu experiencia y las fortalezas de tu equipo, pero siempre de manera directa y realista. Sírvete de palabras persuasivas y estructuras gramaticales sencillas.

La idea detrás del *elevator pitch* es resumir tu discurso y organizarlo de manera atractiva. Tu imagen y tu manera de comunicar son esenciales.

Y, cuidado, no todos tus oyentes serán los mismos. Lo que te puede funcionar en un determinado momento, puede que no te sirva en otro. Como decía, hay dos tipos, en función de la audiencia. Y aunque tus *pitchs* compartirán rasgos comunes, también tendrán diferencias.

Mi recomendación es que, en cualquier caso, comiences con fuerza para captar la atención de la audiencia. El *pitch* suele durar tres minutos. Si empiezas bien, te prestarán atención durante esos tres minutos completos. De otro modo, la gente entre el público (pensando en que te encuentras en un auditorio ante muchas personas) empezarán a hacer otras cosas «más urgentes», concentrándose en sus teléfonos, sus agendas o sus papeles.

¿Cuál es el mejor consejo que puedo darte? Que practiques.

Tu objetivo es incitar a pasar a la siguiente fase. Que tu interlocutor se interese y quiera analizar tu proyecto.

Considera que, a partir de este punto, la tasa de éxito comenzará a bajar. Y de ti depende cuánto baje.

El *elevator pitch* define todo el proceso de inversión. Si fracasas en la presentación de tu proyecto durante la primera fase, difícilmente lograrás llegar a la fase final y cerrar un acuerdo.

One-pager, *o resumen ejecutivo (documento de una página)*

El resumen ejecutivo reúne la información más importante de tu proyecto, y es un resumen de las ideas y los logros más relevantes y significativos. De algún modo, en este documento se esbozan las líneas maestras del proyecto, todo aquello que cualquiera necesita conocer al entrar en contacto con él.

Puede confundirse con un resumen propiamente dicho del plan de negocio, pero este último es otro documento distinto que va ligado al propio plan de negocio y que se adjunta como un índice de éste.

Quizá te estés preguntando para qué redactar un resumen ejecutivo si ya cuentas o pretendes contar con una introducción de tu plan de negocio que lo resuma. Puede que pienses que la línea que diferencia a uno de otro es difusa, pero no lo es. El *one-pager* se elabora pensando en personas que no tienen el tiempo ni la necesidad de atisbar todos los pormenores de tu proyecto. La idea es disponer de un documento para personas que necesitan conocer de un simple vistazo los objetivos y por qué éstos son relevantes.

Recuerda que los inversores solemos dedicar tres minutos a la lectura de tu *one-pager*, como ya comentamos. Esto implica que buscamos encontrar muy rápidamente lo que nos importa a la hora de decidir si queremos dedicar más tiempo a estudiar tu empresa. Trata de hablar nuestro idioma, teniendo en cuenta nuestro recurso más limitado, el tiempo.

Al igual que tu *pitch*, tu *one-pager* tiene que cubrir los criterios iniciales de selección del inversor: el tamaño y la accesibilidad del mercado (incluyendo los logros y clientes); la ventaja competitiva (por defecto, la propuesta de valor o el entorno competitivo); el equipo, el por qué ahora y por qué vosotros; el modelo de negocio y los resultados financieros pasados, actuales y proyectados.

Un buen *one-pager* ofrece a todos aquellos interesados una visión general del proyecto y señala los puntos importantes sin complicar el texto con todos los detalles.

La extensión no debe superar una página.

De forma sencilla, el *one-pager* es un *elevator pitch* escrito. Tiene sus mismos objetivos: conseguir una reunión posterior para tener más tiempo con los inversores interesados y presentar tu proyecto.

También puede servir como elemento de comunicación tras un *elevator pitch* presencial, a modo de recordatorio al inversor del contacto y para entablar así próximas reuniones.

Es un elemento de comunicación clave. Ten presente que la tasa de éxito en la primera fase no supera el 50 por ciento. Menos de la mitad de los *elevator pitch* y de los resúmenes ejecutivos logran convencer a los inversores para que se reúnan contigo.

Presentaciones

Para convencernos a los inversores de invertir en tu empresa, resulta muy importante que sepas exponer de manera clara tu proyecto y desarrollar de forma expositiva todo lo que comprende.

Y es importante mencionar que, de cara a una presentación, no se expone el mismo documento que se envía inicialmente.

Has de saber adaptarte. Ten presente que hay distintos tipos de presentaciones en función de quién se sienta frente a ti. Esto es importante por un motivo: no todas las presentaciones se afrontan de igual modo. Como podrás imaginarte, no requiere la misma información ni el mismo ritmo reunirte con una única persona que hablar de tu empresa ante un foro público.

Sin embargo, siempre partirás del mismo lugar. Necesitas un *core*, un núcleo central, un esqueleto que sirva de eje y que utilizarás como base en la mayoría de tus intervenciones, independientemente del público o de la duración.

A grandes rasgos, con base en mi experiencia, puedo decirte que vas a encontrarte con tres tipos de presentaciones. La primera es corta, de unos quince minutos de duración, el tipo de presentación que se da en las reuniones iniciales. La segunda es larga, adaptada para reuniones *one-to-one*, cara a cara, donde se entra con más detalle en tu proyecto. Y, finalmente, hay una presentación general para entornos abiertos, foros públicos.

Te sugiero que cuentes, como mínimo, con una presentación adaptada a los dos primeros formatos, una corta y una larga. La última es, sobre todo, una cuestión de contexto. Disponiendo de un *core* y de un modelo de presentación para reuniones cortas y largas, lo demás depende de tu propia capacidad comunicativa. No todos somos capaces de colocarnos ante un determinado público y exponer nuestro proyecto sin ningún tipo de problema. A algunos nos sale de forma natural, a otros no; pero eso no significa que sea una habilidad inalcanzable. Como en todo, es cuestión de trabajo, esfuerzo y práctica. Si te cuesta un poco más, ensaya y acostúmbrate.

Quizá te estés preguntando lo que debes incluir en una presentación. Permíteme que te lo desglose por puntos. Después, considera que tienes que adaptar la información dependiendo de a quién se la vayas a presentar. El orden puede cambiar, pero el contenido mínimo viable (CNV) tiene que estar.

- **Primero**: el problema. Explica el «problema» que tu empresa va a resolver, el objetivo de tu proyecto. Valídalo con datos e información, el conocimiento de expertos y la opinión de los clientes.

  ¿Es un problema? ¿Por qué?
- **Segundo**: la solución. Presenta tu negocio como la solución al problema planteado. Describe hasta qué punto lo que tú ofreces permitirá a los clientes encontrarse mejor de lo que estaban o si vas a resolver sus necesidades de forma más eficiente. En este sentido, es interesante que puedas mencionar tus ventajas o los inconvenientes con los que se encuentran otros para hacer lo mismo.

  ¿Por qué es diferente o mejor tu solución?
- **Tercero**: oportunidad y mercado. Trata el mercado objetivo; descríbelo, considerando las tendencias del entorno, supuestos de cifras, el *momentum*... Si es posible, sírvete

de gráficas para determinar el tamaño de tu mercado objetivo y de tus ventas estimadas. ¿Cuán grande y accesible está el mercado?

- **Cuarto**: tecnología. Si hay lugar, describe tu producto o prototipo. Muestra figuras y descripciones, comenta los aspectos relacionados con la propiedad intelectual y habla de las singularidades de lo que proyectas crear.

  ¿Qué cosas haces de manera diferente y cómo las haces?
- **Quinto**: competencia. Analiza los competidores directos, indirectos y futuros y presenta los resultados. Utiliza este análisis para evidenciar las ventajas de tu propuesta.

  ¿Qué has visto que los otros no han percibido?
- **Sexto**: marketing y ventas. Explica tu estrategia global de marketing, presenta el proceso de venta y todo lo que planteas en relación con los precios.

  ¿Cómo pretendes llegar a tus clientes? ¿Cómo descubrirán tu producto o servicio? ¿Cuáles son sus motivaciones para comprar?
- **Séptimo**: el equipo promotor. Describe el equipo detrás del proyecto. Y sé transparente. Habla de las carencias del equipo actual y de cómo planeas resolverlas a corto y medio plazo. Y, en el caso de que exista, presenta de forma breve el consejo asesor. Especifica también la estructura de propiedad y el formato jurídico de la compañía.

  ¿Por qué vosotros?
- **Octavo**: logros alcanzados. Presenta lo que has logrado hasta el momento de la presentación. Si es un proyecto ya en marcha, explica cuánto capital se ha aportado hasta la fecha (por parte del equipo promotor y de los primeros inversores, si existen) y en qué se ha gastado el dinero.

  ¿Qué has hecho hasta ahora que contribuya a construir tu credibilidad?
- **Noveno**: previsiones financieras. Muestra un resumen de las previsiones de ingresos y del flujo de caja. Preferiblemente haz esto en una única imagen, una diapositiva en la que todo se vea bien.

  ¿Estás preparado para justificar estos números?

- **Décimo**: necesidades financieras. Define de forma sencilla las necesidades de financiación y describe las fuentes y los usos que darás a los fondos recaudados. Muestra también las metas del proyecto con los fondos captados y plantea la estrategia de desinversión para los inversores.

  ¿Cuánto necesitas y para qué?

Plan de negocio

El plan de negocio describe y concreta el proyecto, examina la viabilidad práctica, comercial y financiera y alberga todos los posibles pasos a dar y los recursos que serán necesarios para que todo salga adelante.

Hay que diferenciar entre dos tipos de planes de negocio, ya que uno es lo que se define como documento administrativo con objetivos concretos, que es uno de los requisitos a la hora de solicitar ayudas y subvenciones públicas. Las oficinas territoriales y de empleo o innovación lo incluyen con frecuencia entre las bases para optar a conseguir dinero por parte de la administración estatal. También los bancos lo solicitan cuando se recurre a ellos para conseguir un préstamo o un aval. Es un ejercicio, en muchos casos, muy «creativo», ya que anticipa escenarios con un alto nivel de incertidumbre. Es importante que no te equivoques, ya que sirve como herramienta para convencer a interlocutores e instituciones de la viabilidad potencial del negocio con base en sus criterios de evaluación. Más allá, es muy probable que nunca vuelvas a utilizarlo.

El plan de negocio que precisa un inversor no es un tocho de cuarenta páginas en Times New Roman de cuerpo 8. Nadie leería esto. Ni siquiera tú. Sale ya caduco de la impresora. Este documento tan extenso podría servir para ganar un premio de plan empresarial o para equilibrar una mesa coja, pero no para hacer crecer un negocio. Lo único que prueba es que sabes reunir información y escribir un plan de negocio, no que tienes la capacidad de hacer crecer la empresa.

Cuando los inversores hablamos de un plan de negocio, hablamos de un documento manejable, uno que puede compartirse y utilizarse. Basta con un modelo financiero coherente (en Excel) y un *deck* completo (treinta páginas como mucho en PowerPoint).

Puedes entenderlo como tu presentación larga con dos elementos adicionales: un plan financiero detallado y un plan de crecimiento en el que se precise el uso que vas a darle a los fondos recaudados, lo que vas a hacer con el dinero.

El proceso del plan de negocio se simplifica cada día más gracias a la tecnología y a la creación de *data rooms*, en los que se ofrece acceso a toda la información a los inversores potencialmente interesados.

El plan de negocio puede presentarse en la etapa final de la fase tres, durante las presentaciones individuales, pero el grueso de su uso se da en la fase cuatro, ante la expectativa de que los inversores se decidan a participar en el proyecto, y durante los primeros momentos de la quinta fase, de cara a definir un acuerdo definitivo de inversión.

En fases más avanzadas, resulta interesante considerar la incorporación al plan de negocio de las aportaciones de los inversores durante las últimas fases, ya que pueden ser significativas para conseguir capital en futuras rondas.

Ahora ya conoces las fases del proceso de inversión y todos los elementos necesarios para comunicarse con los inversores. Pero nos falta algo esencial para alcanzar la última etapa y cerrar los acuerdos que te permitirán disponer de nuevo capital para que tu proyecto crezca. Lo veremos en los siguientes apartados y epígrafes.

Los secretos de la negociación

Te voy a hablar de la negociación en sí misma, sobre cómo mejorar tus posibilidades y de lo que no debes hacer o mostrar nunca durante del curso de un acuerdo que aún no se ha materializado.

Añadido a todo lo ya mencionado que pueda ayudarte a preparar tus reuniones y presentaciones, hay ciertos aspectos concretos que pueden incrementar de forma muy notable tus oportunidades de conseguir que un inversor se una a tu proyecto.

Antes de nada, y aunque puedan parecer obvias, voy a establecer unas pautas básicas. Quizá te resulten evidentes, pero te sorprendería la cantidad de veces con las que me he encontrado, como *business angel*, ante emprendedores que meten la pata.

Cómo mejorar tus posibilidades

Parto de los aspectos más elementales, y esto creo que cualquiera debe tenerlo siempre presente, porque son los pilares de una buena relación financiera entre alguien al frente de un proyecto y un individuo dispuesto a arriesgar su capital.

Transparencia y verdad

Sé transparente y habla siempre con la verdad por delante.

Los inversores queremos hacer negocios con emprendedores honestos. No des vueltas ni trates de engañar con palabras bonitas o rodeos. Ser claro y servirte de la verdad te facilitará conseguir acuerdos y cerrar tratos.

Un *business angel* no es tu adversario. No somos rivales, sino socios potenciales. No estás enfrentándote a mí, estás intentando captar mi interés y que me sume a tu proyecto, porque, una vez que alguien invierte en tu proyecto, ese alguien forma parte de él.

¿Qué consigues si afrontas la negociación como una guerra en la que tienes que salir victorioso? Te respondo yo: nada.

No se trata de ganar una discusión o de tener razón, sino de empezar un proceso que lleve a un acuerdo.

Escucha activa y respeto

No te ofusques, estate dispuesto a escuchar. Cuando un inversor te hace una pregunta, no está buscando incomodarte. Trata de indagar más para saber si puede confiar en ti y en tu proyecto. Es una verdad absoluta que nadie conoce mejor que tú las tripas de tu negocio, sus virtudes y los obstáculos que estás enfrentando.

Pero quizá te encuentres ante alguien con muchísimos años de experiencia y mucho conocimiento. Puede que sepa bastante más que tú en muchos aspectos, aunque creas lo contrario.

Aprende a valorar a quién tienes delante. Que se haya sentado delante de ti a escucharte ya dice mucho de su interés.

No te tomes de manera personal dudas o preguntas sobre tu proyecto.

Práctica

Es raro disponer de grandes habilidades comunicativas sin ensayar. Saber comunicar es una aptitud que puede adquirirse mediante el trabajo y la repetición.

Lee y aprende cómo expresar ideas y comunicarse. Practica ante el espejo, exponte al fracaso. No tengas miedo a que te rechacen. Si no te has expresado bien en una reunión, mejora para la siguiente.

Conócete a ti mismo, y conoce tus virtudes y tus defectos. Potencia tus puntos fuertes y trabaja en mejorar los débiles.

Uno no viene al mundo con dotes de comunicación innatas, sino que las trabaja.

Determinado ya lo más básico, hablemos de cosas concretas. Y es que en cada fase del proceso de inversión hay elementos que pueden ayudarnos mucho para alcanzar el siguiente escalón del proceso.

Mejoras significativas durante el primer contacto

Como ya he mencionado, la primera fase es vital en cuanto a la obtención de capital externo. La tasa de éxito para conseguir que un inversor se interese en nuestro proyecto se reduce casi a la mitad entre la primera fase y la segunda, por lo que el primer contacto es muy muy importante.

En esta primera etapa, en la que los inversores y los emprendedores no se conocen (o así es en la mayoría de las ocasiones), cualquier rasgo que permita transmitir confianza de forma rápida supone un impulso notable.

De este modo, para aumentar nuestras oportunidades, resulta de gran ayuda partir de un contacto común o disponer de referencias. Tener un conocido mutuo o contactar a través de un amigo que es a su vez amigo del inversor puede abrirte muchas puertas. Contar con referencias y relaciones establecidas es algo que te da ventaja.

Te pongo un ejemplo práctico... Imagíname a mí en mi despacho un día cualquiera. Recibo una llamada de un amigo en el que confío porque ya he trabajado con él en algún proyecto de inversión, y me dice que conoce a un emprendedor, que eres tú, que quiere hablarme de su proyecto empresarial. Me asegura que puede interesarme, porque me conoce y te conoce a ti. Por otro lado, supón que un emprendedor al que no conozco de nada me envía un e-mail en frío y me dice que quiere hablarme de su *start-up*. De primeras, como cabría esperar, entre esas dos opciones, yo, como inversor, tiendo inicialmente a decantarme por el emprendedor que me recomienda mi amigo. Es natural. Somos humanos, y la confianza es muy importante.

En esta primera fase del proceso, también puede ayudarte a tener más oportunidades analizar y segmentar a tus inversores objetivo. Me explico. Supongamos que tu proyecto empresarial está ligado al mundo industrial tecnológico o industrial de Bilbao, es decir, que lo has diseñado para que se desarrolle en esa ciudad. ¿Qué sentido tendría contactar con inversores del sector *retail* de la ciudad de Madrid? Puede que dieras con alguno con intención de diversificar y explorar nuevos horizontes, pero es un caso raro. Como ya he explicado, los inversores, sobre todo los *business angels*, nos movemos dentro de lo que conocemos a fondo.

Además de esto, mi consejo es que trabajes en tu discurso. Elabora un *pitch* claro, estructurado y «con gancho». Todos los consejos que te he dado en el apartado dedicado al *elevator pitch* te serán de gran ayuda para confeccionar lo que será el primer material de comunicación en tu relación con un inversor.

Mejoras significativas durante las presentaciones

Tras lo que podría comprenderse como la introducción y la captación de los primeros interesados entre los inversores, en la segunda y en la tercera fase te enfrentarás a grupos más reducidos e individuos que ya conocen, aunque sea mínimamente, tu proyecto.

Durante las presentaciones, tanto las de grupo como las individuales, donde la tasa de éxito de captación de inversores se reduce de forma considerable, debes ser capaz de enfrentarte a las inquietudes de aquellos dispuestos a aportar su capital a tu proyecto.

Según mi experiencia, son dos los errores que los emprendedores cometen a la hora de presentar su empresa. En primer lugar, no comunicarse de forma adecuada, lo que puede reducirse a la inexperiencia. Y, en segundo lugar, no responder con naturalidad. Toma las preguntas como una oportunidad de explicar y profundizar en conceptos, no como que tratan de cuestionar la viabilidad de tu proyecto o tu capacidad. Los inversores son quienes te van a ayudar a crecer y desarrollar tu negocio.

Que practiques es mi mejor consejo para las fases de presentación. Ponte delante del espejo, habla con tu equipo, ensaya... Aprende de otros que saben comunicar, adquiere nuevas aptitudes y mejora. Y llegará tu oportunidad. Y no desistas, porque puede que fracases en muchísimas presentaciones hasta que consigas encontrarte a gusto y expresarte de la manera que conseguirá que los inversores queramos trabajar contigo.

Mejoras significativas durante la due diligence

Los inversores que hayamos llegado hasta la cuarta fase del proceso de inversión ya mostraremos mucho interés en tu proyecto. Analizaremos e investigaremos las posibilidades y la realidad de tu proyecto de cara a tomar una decisión, sumarnos o no, poniendo en riesgo nuestro capital y patrimonio.

Durante esta fase, debes ser completamente transparente y nunca cerrarte en banda. Se proactivo y colabora con los inversores en busca de soluciones si se te plantean puntos cuestionables o susceptibles de ser modificados. Aprovecha el conocimiento de los inversores y sírvete de él para mejorar tu proyecto. No te coloques en una posición cerrada ni te muestres reacio a las aportaciones de los inversores. No me des razones para no invertir.

Considera que, si un *business angel* ha llegado hasta este punto, realmente quiere trabajar contigo, desea profundizar en el proyecto, conocer a fondo al equipo y velar por la prosperidad común. Que destaque cosas a mejorar es algo bueno para ti y para la empresa. Acepta el *insight* de la experiencia.

También puede serte de gran ayuda a la hora de mejorar tus posibilidades el dar entrada al resto del equipo, que cumplan roles específicos en esta fase y participen de forma activa. Es una manera de involucrar a todos los interesados y de mostrar la predisposición que lleva a una empresa a triunfar y crecer.

Mejoras significativas durante la formulación y el cierre de acuerdos

Alcanzadas las últimas fases, ya a punto de conseguir capital adicional y de sumar a nuevos individuos al proyecto, te sugiero varias cosas. En primer lugar, no permitas que el acuerdo sea «secuestrado» por los asesores. Tú mejor que nadie conoces tu proyecto y visualizas lo que quieres de él y lo que puede ser. Trata de mantener la posición de control del acuerdo. Te diría que no temas perder a algunos inversores, porque ya habrá más, seguramente en rondas posteriores.

Tampoco te olvides de tus propias prioridades y necesidades. Al fin y al cabo, es tu proyecto. Eres tú quien va a vivir más tiempo con él. Piensa que los inversores entran para salir, rara vez te van a acompañar durante todo el camino. Y ten siempre un «plan B». Siempre es recomendable disponer de alternativas por si algo falla o no sale como uno se espera.

En esta última etapa de la negociación, lo más frecuente es que se den desacuerdos sobre la valoración de la empresa y cláusulas del acuerdo de socios.

Los inversores queremos lo mejor para el proyecto, pero, al mismo tiempo, queremos lo mejor para nosotros mismos, para el rendimiento de nuestra inversión. Contempla esa perspectiva.

Los acuerdos de socios que rigen la relación entre los emprendedores e inversores (en particular con fondos de capital riesgo) son documentos muy complejos. Los inversores nos dedicamos a conocer a fondo los matices y las consecuencias de las diferentes cláusulas de este tipo de documentos. Tú, no... Por lo tanto, es importante: primero, subir tu nivel de conocimiento para entender todas las cláusulas; y segundo, contratar abogados para que te guíen y ayuden en el proceso.

Lo que no hay que hacer en una negociación

Para dar cierre a este capítulo, abordaremos aquellos temas o aspectos que debes evitar en cualquier proceso de negociación.

Quizá suene extraño, pero la relación entre un emprendedor y un inversor es como una especie de matrimonio. Aunque, eso sí, con un objetivo distinto. Un matrimonio es, en principio, para toda la vida (o así nos gustaría que fuera). Puede no funcionar y que tenga que disolverse, pero siempre nos casamos pensando que durará para siempre. Un acuerdo de inversión, en cambio, tiene como objetivo el «divorcio», el tomar caminos separados cuando llega un punto en que el inversor quiere o necesita salir.

¿A qué me refiero al comparar la negociación con una relación de pareja? Pues a los indicadores que reflejan que algo no es adecuado, que nos equivocamos. Es lo que hoy en día se conoce como *red flags*.

Este término ha ido ganando popularidad en los últimos años gracias a las redes sociales, y hoy en día está por completo extendido. Hace alusión a banderas rojas, una señal de advertencia de peligro. Transportando el concepto a las relaciones, las *red flags* se toman como indicadores de alerta.

Cuando un inversor identifica una *red flag* en un emprendedor durante un proceso abierto, suele tomarlo como referencia para seguir otro camino.

Red flags: *¿qué no hacer en una negociación?*

Afrontar una negociación puede ser complicado. A veces, nos jugamos mucho, y eso conlleva mucha presión. Y tenemos que saber dónde nos metemos. Piensa que tú, como emprendedor, vas a conseguir como resultado lo que negocies, y esto no siempre tiene que coincidir con lo que te mereces o pretendes.

¿De dónde se parte? Un amplio porcentaje del éxito en una negociación proviene de la preparación. Lo he repetido en varias ocasiones, y no me cansaré de hacerlo. Práctica, práctica y práctica. Tienes que prepararte para negociar y sentarte en una mesa frente a inversores dispuestos a contribuir con su capital a tu proyecto. La intención no es suficiente.

Si tratas con *business angels* con experiencia y no te has preparado, lo sabrán. Considera que valoramos nuestro tiempo como un bien muy preciado, y no nos gusta perderlo. Si no te has preparado para negociar, la negociación terminará antes siquiera de empezar.

Partiendo de aquí, veamos las cosas más importantes que debes evitar.

Ver al inversor como tu enemigo

El inversor no está compitiendo contigo ni trata de acabar con tu empresa. La confrontación debe transformarse en persuasión.

Piensa en el final del proceso. Tras cerrar un acuerdo, tanto tú como el inversor salís beneficiados. Nadie pierde, sólo hay ganadores.

> Quiero invertir en emprendedores que me caen bien.

No escuchar

En un acuerdo intervienen dos partes, personas distintas, cada una con sus objetivos y su experiencia. Si el objetivo final es que ambos salgan beneficiados, ¿por qué no ibas a utilizar en tu provecho lo que te aporta la otra parte?

No centres la reunión en tus propios intereses y en lo que quieres conseguir. Reorienta tu discurso y adecúalo a las necesidades del inversor.

Para que la conversación sea fluida y se dé un clima de confianza, tienes que aprender a ceder el protagonismo y apreciar lo que el inversor aporta.

> Quiero invertir en un emprendedor que me escucha, que es consciente de que no lo sabe todo.

Ejercer demasiada presión

Puede que quieras cerrar cuanto antes el acuerdo, y está bien que establezcas límites (ya hemos hablado de crear FOMO), pero nunca sobrepases el límite de lo aceptable. No quieres agobiar ni presionar en exceso, pues da una mala imagen y resta mucha credibilidad. Deja espacio a la escucha y apremia de forma sutil, pero nunca fuerces tu mano.

Negociar, después de todo, es como un baile, puro arte, y tiene que ser un acto que fluya con naturalidad.

> Quiero invertir en un emprendedor que no me ve únicamente como una cartera.

Que tus emociones tomen el control

Cualquiera con experiencia en negociación, alguien del que pudiera decirse que es un profesional, sabe que no hay que dejarse llevar por los impulsos. Quizá un comentario de la otra parte pueda hacerte sentir mal, pero uno no se ofende sin consentirlo.

El equilibrio emocional es clave a la hora de tratar con inversores y de cerrar acuerdos. Resiste los impulsos y usa la racionalidad. Tal aptitud es una destreza psicológica de suma importancia en el ámbito de la negociación.

> Quiero invertir en un emprendedor racional, templado.

Cerrarse en banda

Muchas negociaciones con inversores fracasan porque el emprendedor sólo contempla su propio enfoque y no valora lo que deseamos los inversores. Lo he visto muchas veces.

Acude a la negociación con distintas estrategias en mente para poder adaptarte a lo que suceda. No te limites únicamente a lo que tú quieres que ocurra y ábrete a las posibilidades.

> Quiero invertir en un emprendedor flexible.

Ahora ya conoces todos los entresijos del proceso y la manera de ser y pensar de los inversores. Mi intención al contarte todo esto, hablándote en plata, es que estés preparado y consigas cerrar acuerdos de forma satisfactoria.

Todos, emprendedores e inversores, salimos beneficiados de que cualquier proceso se lleve a cabo en condiciones y llegue a buen puerto. Y no sólo nosotros, también el resto de la sociedad, porque de los éxitos empresariales se beneficia fundamentalmente la gente, el usuario y el cliente.

Está en tus manos que tu proyecto crezca.

Puede que sientas que ya conoces todo lo necesario para lanzarte a la piscina en busca de inversión, pero, por si acaso, en el anexo (tras el capítulo 5) voy a ofrecerte una relación de términos complejos con una definición mucho más cercana y comprensible.

Muchas veces, la terminología financiera es innecesariamente difícil, y basta con que alguien con experiencia y ganas de aclarar ideas y acercarlas al grueso de los emprendedores dé un paso al frente.

5

Hablando en plata

El vocabulario es un río, siempre fluyendo, y no una presa.

JOHN CIARDI

Una de las barreras más importantes ante un mejor entendimiento (y, por lo tanto, más eficacia de nuestro entorno emprendedor) es el lenguaje. A veces, da la impresión de que emprendedores e inversores no hablamos el mismo idioma. Hemos tratado a lo largo del libro la naturaleza de muchas de las razones de esta cuestión, pero otras se deben únicamente al vocabulario.

Este capítulo, y el anexo siguiente, quiere «hablar en plata» sobre algunos términos que pueden parecer complejos pero que pueden explicarse de manera sencilla y directa. Así, por fin, inversores y emprendedores hablaremos el mismo lenguaje.

Los inversores con experiencia estamos habituados a la terminología financiera, y en la mayoría de las ocasiones asumimos que todos aquellos con los que tratamos también están familiarizados con las palabras y expresiones del ámbito económico, pero no siempre es así. Un emprendedor que acaba de comenzar su andadura empresarial no tiene por qué poseer nuestro conocimiento.

Recuerdo a Carlos con cariño. Durante nuestro primer encuentro se mostraba entusiasmado y escuchaba con mucha atención. Asentía y participaba en la conversación de forma activa, destacando las virtudes de su proyecto y tratando con honestidad las carencias de su equipo. Este hombre me daba la impresión de ser realmente honrado y transparente.

Tras la reunión, en una conversación privada, me confesó que muchos de los términos que mis colegas y yo usábamos no los entendía, que jamás los había escuchado. En ese momento nos reímos, pero, luego, me aseguró con un tono más serio que se pondría al día, que no le gustaba no comprender esos términos. En nuestra segunda reunión, él había hecho los deberes, y se movía como pez en el agua entre vocablos y expresiones difíciles.

En el mundo financiero se da un fenómeno peculiar, y es que tiene una curva de aprendizaje muy pronunciada. Lo más habitual es que cualquier publicación hecha por profesionales se dirija a profesionales, nunca se tiene en mente a aquellos que comienzan o quieren introducirse en este ámbito. Revistas, artículos, entrevistas, pódcast, vídeos..., en la mayoría de los casos, los creadores asumen que su audiencia ya dispone de nociones básicas (avanzadas, incluso), y se obvia a quien no las tiene.

Esta práctica crea un muro que provoca esa sensación de dificultad de cara a adentrarse en el universo económico y empresarial, la barrera ilusoria que existe entre inversores y emprendedores que están comenzando.

Uno de mis objetivos con este libro es allanarte a ti, como emprendedor, el camino en esa terminología, que eso no te suponga una cuesta inabordable, así como igualar las reglas del juego entre los actores del proceso de inversión. Y el lenguaje es el principio. Como ya sabes, el lenguaje es la base de la comunicación a la hora de alcanzar o no acuerdos. Comprender lo que se dice, el verdadero alcance de cada palabra y lo que hay detrás de ellas es vital para no tomar decisiones equivocadas e irreversibles.

A lo largo de los capítulos anteriores, ya hemos tratado muchísimos términos frecuentes en las relaciones entre inversores y emprendedores: *due diligence*, *elevator pitch*, empresas unicornio, aceleradoras, incubadoras, *bootstrapping*, *branding*, FOMO, empresas zombis, capital riesgo VC, B2B, B2C, valores máximos y mínimos, tasa de descuento, escalabilidad... La lista es muy larga. Al final del libro, encontrarás un índice de términos que te permitirá localizar todas las palabras complejas que han aparecido, y que espero haber logrado hacer comprensibles.

A continuación, tras este quinto capítulo, te presento un anexo que contiene un glosario de términos y expresiones que no he explicado y que también te pueden resultar importantes (puede que hasta esenciales) cuando quieras relacionarte con inversores.

Encontrarás la definición financiera estrictamente hablando y, luego, una definición más cercana y sencilla que te permita comprender el término sin la innecesaria complejidad que los inversores y el resto de los profesionales del mundo económico damos por entendible.

No se trata de un diccionario, naturalmente. No está entre mis pretensiones recopilar todos y cada uno de los términos financieros existentes. No obstante, he realizado un compendio de los que yo considero complementariamente importantes y que tú, como emprendedor, deberías conocer, o quizá ya conoces. Sumado a todos los conceptos ya explicados en los capítulos previos, este glosario te permitirá disponer de una perspectiva idónea para tratar con inversores.

Además de las definiciones, encontrarás ejemplos y situaciones en las que los términos se ponen en práctica, lo que facilita su comprensión.

El anexo siguiente es un glosario complementario de vocablos propios del ámbito de la inversión y del emprendimiento.

Anexo

Glosario complementario de inversión para emprendedores

Benchmark

Definición
Índice de referencia. Herramienta para analizar los comportamientos y el desempeño de empresas y fondos en mercados financieros.

En la práctica
En cuanto a empresas, sirve para analizar productos y servicios de la competencia y tener una referencia base para comparar. Ayuda a conocer lo que hace la competencia.

En relación con fondos de inversión, permite estudiar el rendimiento en comparación con un fondo estándar en un marco de tiempo determinado.

Hablando en plata
El *benchmark* no es la línea de flotación, sino la expectativa a alcanzar y superar. Mide la eficiencia de una empresa y ofrece datos de evaluación actuales y pasados.

Su finalidad es generar datos y orientación para diseñar mejores estrategias.

No subestimes su utilidad. Los inversores utilizamos los *benchmarks* para saber si merece la pena o no invertir.

Entender el *benchmark* que usa el emprendedor ayuda al inversor a evaluar con qué competidor o modelo se compara el emprendedor, su nivel de ambición, qué copia y qué crea.

Ejemplo
Tomás se acaba de reunir con un grupo de inversores. Durante el transcurso del encuentro, uno de ellos le ha preguntado por los *benchmarks* de su producto, unas zapatillas para correr con un diseño muy especial y ligero. El inversor quería disponer de análisis comparativos del producto con otros similares ya existentes y con las empresas del sector que ya cuentan con recorrido histórico.

Burn rate

Definición
Medición del flujo de caja negativo de una empresa, el dinero líquido que se pierde o «que se quema» en un período determinado, habitualmente cada mes.

En la práctica
Se trata de una métrica esencial para gestionar gastos y mejorar la eficiencia operativa. También sirve para medir la esperanza de vida de una empresa nueva.

Hablando en plata
El *burn rate* es importante porque define los meses de caja que te quedan si sigues con el mismo rumbo. Es primordial tener una gestión estratégica de ello.

No hay milagro, existen dos maneras de mejorar el *burn rate*: aumentar los ingresos o bajar los gastos.

Y, ojo, el *burn rate* no es lo que gastas cada mes, es la diferencia entre lo que ingresas y lo que gastas.

Lo que queremos los inversores cuando preguntamos por el *burn rate* y su evolución proyectada a futuro es si vamos a tener que hacer más rondas de inversión en el futuro para que la empresa alcance el umbral de rentabilidad, lo que se conoce como *breakeven*.

Ejemplo
Calcularlo es sencillo, sólo hay que tomar como referencia el capital con el que se comenzó y analizar el gasto. Si tu empresa disponía inicialmente de 5.000 euros y tras el primer mes tu saldo de caja es de 4.000 euros, significa que el *burn rate* de tu empresa es de 1.000 euros.

Cláusula de acompañamiento (*tag along*)

Definición
Tipo de cláusula que tiene como finalidad proteger los intereses de los socios o accionistas minoritarios mediante el otorgamiento del derecho a vender o ceder la participación accionaria cuando un socio o accionista mayoritario decide hacer lo mismo con su propia participación accionaria.

En la práctica
Esta cláusula protege a los socios y a la sociedad ante posibles cambios en el control y la administración, facilitando la desvinculación.

Cuando surge una posibilidad de venta, el socio mayoritario está obligado a comunicar a los socios minoritarios la oferta de venta y sus condiciones asociadas para que éstos puedan vender su participación en las mismas condiciones y facilitar la operación.

Hablando en plata
Esta cláusula impide que un inversor pueda comprar una participación mayoritaria de una empresa dejando de lado a los accionistas minoritarios (y, por lo tanto, de los emprendedores en el caso de que hayan sufrido diluciones de su participación).

Si un accionista mayoritario recibe una oferta de otro inversor o comprador para adquirir sus acciones, los accionistas minoritarios tendrán el derecho —no la obligación— de poner sus acciones al mismo precio y ofrecérselas a ese comprador.

Las cláusulas *tag along* obligan al accionista mayoritario a incluir las participaciones de los accionistas minoritarios en las negociaciones de una venta.

De no incluir esta cláusula, un emprendedor que se haya quedado como accionista minoritario tras varias rondas de inversión no podrá forzar la venta de sus acciones a un nuevo inversor mayoritario que decida cambiar de forma radical la estrategia de la empresa.

Es una cláusula típica del mundo de la inversión; viene a contrarrestar la *cláusula de arrastre* (véase más adelante).

Ejemplo

El inversor mayoritario en tu compañía acaba de enviar un correo electrónico para informar de que le ha llegado una oferta de compra de sus acciones en la empresa. En el correo, indica todos los detalles de la oferta, las condiciones de negociación y de venta. Dado el derecho de acompañamiento (el *tag along*), los socios minoritarios pueden unirse a la transacción y vender las acciones en las mismas condiciones que el socio mayoritario.

Cláusula de antidilución (*non-dilution mechanism*)

Definición

Las cláusulas de antidilución son una prerrogativa que evita que la creación y emisión de nuevas participaciones en la sociedad conlleve una dilución sobre el porcentaje que algunos inversores tienen.

En la práctica

La dilución es la reducción del porcentaje de participación en el capital como consecuencia de una ampliación de éste.

Lo que persigue esta cláusula es que el porcentaje de las acciones que poseen algunos socios no se reduzca cuando se producen sucesivas rondas de inversión en la que se incorporan nuevos socios.

Hablando en plata

Cuando se crece y hay nuevas rondas de inversión, se emiten nuevas acciones, lo que conlleva que los accionistas (emprendedores e inversores iniciales) ya presentes vean que su porcentaje es menor respecto a la capitalización total; su participación se diluye. Para evitarlo y proteger a algunos inversores o incluso a los emprendedores, se pueden implementar mecanismos antidilución que permiten a los accionistas preservar su porcentaje de participación, independientemente de las acciones emitidas más tarde. Son acciones que otorgan mucho poder y control de cara al crecimiento, pues no se diluyen.

Los inversores de rondas posteriores a la primera no queremos tener menos privilegios, ya que, en muchas ocasiones, ponemos incluso más capital que los primeros inversores.

Esta cláusula es contraproducente en muchos casos, ya que tiene dos consecuencias. En primer lugar, reduce la valoración de la empresa en su totalidad porque el gobierno de la compañía está condicionado por criterios no proporcionales a las aportaciones dinerarias. Segundo, crea un agravio comparativo entre los tipos de inversores.

Ojo: no confundir estos mecanismos con el derecho que pueden adquirir inversores de seguir invirtiendo prorrata en las futuras rondas de inversión para no-diluirse.

Ejemplo

Macarena está al frente de una empresa con un millón de acciones. Cada una de estas acciones tiene un valor de 5 euros. Su empresa vale 5 millones de euros. El inversor A, que consiguió en su primera ronda, tiene 200.000 acciones, 1 millón de euros en acciones, lo que equivale al 20 por ciento de la compañía de Macarena. Tras una segunda ronda de inversión, se emite otro millón de acciones sin variar el coste, a 5 euros cada una. En total, la empresa pasa a tener 2 millones de acciones y a valer 10 millones de euros. Ese primer inversor con 200.000 acciones, tras la inversión, ha pasado de tener un 20 por ciento a un 10 por ciento de la empresa. El valor nominal de su inversión no ha cambiado: 1 millón. Si tuviera una cláusula antidilución, se hubiera quedado con el 20 por ciento, es decir, hubiera doblado el valor de su inversión sin invertir más. Y Macarena se hubiera diluido el doble...

Una situación fantástica para el inversor A, pero para nada aceptable ni para Macarena ni para un posible e hipotético nuevo inversor.

Cláusula de arrastre (*drag along*)

Definición
Tipo de cláusula que tiene como finalidad proteger los intereses de los socios o accionistas mayoritarios.

En la práctica
Otorga el derecho a exigir a los socios o accionistas minoritarios la venta de su participación accionaria cuando aparece una oferta de compra de acciones con el propósito de una adquisición de la totalidad de las acciones en circulación.

Suelen ser tres los criterios que condicionan la activación del derecho de arrastre: el porcentaje del accionariado mínimo necesario, el valor mínimo de la venta y la fecha a partir de la que este derecho es válido.

Hablando en plata
A través de la cláusula de arrastre, se adquiere el derecho de forzar a los otros accionistas a vender sus acciones, siempre y cuando se cumplan una serie de condiciones pactadas entre los socios mediante acuerdo.

Es frecuente que los fondos de capital riesgo quieran incluir este tipo de cláusula en un acuerdo accionista, porque garantiza la posibilidad de dar liquidez a la inversión.

La cláusula de arrastre es una herramienta que permite a los inversores vender parte o la totalidad de la empresa sin el acuerdo de todos los accionistas (en particular, el de los emprendedores).

El diablo está en los detalles

La cláusula de arrastre adquiere particular relevancia si se combina con acciones preferentes, porque esto puede suponer que se genere retorno para los inversores con derecho de arrastre y acciones preferentes, pero que los emprendedores y los inversores iniciales no obtengan nada.

Ejemplo
Un socio con derecho de arrastre de la compañía de Cristina ha recibido una oferta de compra de acciones. Dado el derecho de arrastre (el *drag along*), establecido como cláusula, puede exigir a los socios minoritarios que se sumen a la operación para que suceda la venta total de las acciones, independientemente de lo que quieran hacer.

Coste de adquisición de clientes (CAC)

Definición
La cantidad de dinero que una compañía gasta para conseguir cada nuevo cliente.

En la práctica
Es el coste de la conversión de clientes potenciales en clientes reales (los que pagan); es la inversión en publicidad y marketing, el personal de ventas, instalaciones, etcétera, todo ello dividido por el número de clientes adquiridos. Permite saber si las estrategias empleadas son útiles y rentables.

Es una estadística compleja, pues puede incluir todos los gastos en redes sociales, los sueldos de los equipos de marketing y diversos costes asociados a las ventas, pero la cifra es muy útil para regular la inversión.

Hablando en plata
El CAC es una de las métricas más importantes que los emprendedores tienen que manejar en B2C, pero también en B2B.

La lógica de los inversores es la siguiente: cuanto más capaz seas como emprendedor de bajar el coste de adquisición de clientes, más crecerás con la misma inversión en marketing.

Esta métrica se «relaciona» con otras dos: el *lifetime value*, o cuánto gasta un cliente de promedio a lo largo de su vida como cliente; y el *churn*, o cuántos clientes no renuevan o no repiten.

Los inversores buscamos negocios en los cuales las tasas de *churn* sean bajas (cuando los clientes repiten con frecuencia o cuando disponen de una suscripción que no cancelan; piensa en Netflix o Spotify) y en los que hay una probabilidad elevada (indicios) de que el CAC sea inferior al *lifetime value*.

Ejemplo
Miguel tiene una empresa pequeña, no tiene socios ni equipo de marketing. Ha invertido 100 euros en una campaña de anuncios a través de Instagram. Gracias a ello, ha vendido 20 ejemplares del producto que promocionaba. Sin entrar a valorar el tiempo empleado en el desarrollo de la campaña, Miguel podría determinar que ha conseguido 20 clientes a un coste de adquisición de 5 euros cada uno.

Coste de oportunidad

Definición
También se conoce como coste alternativo, y es una métrica económica que evalúa las consecuencias derivadas de una elección realizada.

En la práctica
Es el valor que refleja el coste de la alternativa a la que se renuncia, incluyendo los posibles beneficios que podrían haberse obtenido si se hubiera escogido otra opción. Es decir, el coste de no haber realizado la inversión, que se mide basándose en la rentabilidad esperada.

Hablando en plata
Los inversores tomamos decisiones marginalmente. Como hay más demanda de dinero que de oferta en el mercado de la inversión en empresas emergentes, mi trabajo consiste en escoger entre las distintas opciones de inversiones que se presentan ante mí.

Si decido no invertir en tu proyecto es porque creo que invirtiendo en otro (o en ninguno) tendré un mejor retorno.

Es primordial que me transmitas la certeza (o más bien poca incertidumbre) en cuanto a que tu empresa vaya a generar una salida para mi inversión.

El coste de oportunidad de una inversión se dispara si mi dinero como inversor está «bloqueado» en una *start-up* que sobrevive, una que no muere, pero que tampoco crece..., lo que se llama un «zombi andante».

Nadie quiere comprar mis participaciones..., ¿pero y si hubiera invertido en otra empresa?

Ejemplo
Lara ofreció a un inversor en una primera ronda invertir 50.000 euros en su empresa de cosmética. Tras cuatro años, pudo recuperar su inversión sin ningún beneficio, la operación fue neutra. Al contrario, si hubiera comprado bonos del Estado al 5 por ciento anual, hubiera ganado alrededor de 10.000 euros. Su elección de invertir en la empresa de Lara le generó un coste de oportunidad de 10.000 euros.

Crowdfunding

Definición
Término inglés que en español se traduce como 'financiación colectiva'. Describe la financiación de un proyecto mediante la participación de un elevado número de personas que contribuyen a través de aportaciones pequeñas de capital.

En la práctica
Es una herramienta tecnológica y legal para financiar proyectos en sus fases iniciales a través de plataformas en internet especializadas en la financiación colectiva.

Prescinde de intermediarios financieros, como pueden ser los bancos, y pone en contacto directo a emprendedores y usuarios.

Es un método de financiación muy extendido hoy en día, sobre todo en el mercado anglosajón.

Hablando en plata
El *crowdfunding* «democratiza» la inversión en *start-ups*, ya que permite a un número elevado de personas participar en la financiación de nuevas empresas con *tickets* pequeños (es decir, con poco dinero).

Es un vehículo de inversión particularmente adaptado a proyectos B2C, puesto que los mismos clientes pueden invertir como usuarios.

Existen varios tipos de *crowdfunding*: *equity crowdfunding* (inversión en capital), *crowdlending* (inversión en deuda), *reward crowdfunding* (inversión para financiar la producción de un producto, disco, cuadro o libro) y *donation crowdfunding* (filantropía).

Ejemplo
Iker está desarrollando una aplicación enfocada en la seguridad vial y en el uso de vehículos privados. No dispone de muchos recursos ni tampoco de personas cercanas a las que acudir, por lo que ha decidido que su proyecto inicialmente se financiará gracias a una campaña de *crowdfunding*. Para ello, Iker utilizará una de las muchas plataformas disponibles en internet, donde explicará su proyecto y sus intenciones para conseguir que gente anónima contribuya económicamente. Tendrá que decidir cómo quiere o puede «levantar» el dinero, con la emisión de nuevas acciones, con deuda que tendrá que reembolsar en el futuro o a través de la producción de su solución digital, que ofrecerá de forma prioritaria a sus «inversores».

Derecho de veto

Definición
Tipo de cláusula de control entre socios que regula la toma de decisiones. Concede a un individuo poder ilimitado para detener acciones y decisiones

En la práctica
Otorga la posibilidad de vetar (bloquear o no permitir) que se lleve a cabo una determinada acción, independientemente de que el resto de los socios esté o no de acuerdo. Establece que una parte tiene derecho a detener de forma unilateral los cambios.

El veto puede limitarse a campos concretos, como pudieran ser una posible ampliación de capital y la dilución asociada, las capacidades de endeudamiento de la empresa, las contrataciones y los despidos o asuntos relacionados con los salarios.

Hablando en plata
Es una de las cuestiones más complicadas a las que debe enfrentarse cualquier emprendedor.

A efectos prácticos, si acuerdas y firmas que un inversor disponga de derecho a veto en algún tema específico, estás cediendo casi todo el control sobre ese asunto. Quizá el inversor sólo disponga de un 15 por ciento, pero el derecho a veto implica que en una determinada decisión ese inversor cuente con un 51 por ciento a la hora de decidir el rumbo a seguir.

Los derechos de veto otorgados a inversores presentes o entrantes que condicionen una próxima ronda de inversión deben ser la última opción, como pudiera ser ante una bancarrota inminente. De otro modo, puede que estés entregando el gobierno de tu empresa.

Esta cláusula es compleja. Yo soy partidario de no poner nunca este tipo de condicionantes que, en muchos casos, resultan irreversibles. En ciertos casos puede suponer una reducción notable de la valoración y, además, una fuerza de bloqueo de una minoría de accionistas. En especial, esto es así si el derecho a veto se aplica sobre rondas futuras, estableciendo límites y condiciones al ingreso de nuevos inversores. Al no disponer de libertad total, puede que los inversores de rondas avanzadas «castiguen» a tu empresa con una valoración inferior.

En líneas generales, no hay ninguna situación en la que el derecho a veto pueda beneficiarte o suponer algo positivo. Muchos inversores exigen disponer de esta cláusula antes de cerrar un acuerdo, pero te sugiero que te lo pienses dos veces (o las que hagan falta) antes de aceptar una condición semejante. Y si no te queda otro remedio, a cambio del derecho a veto debes ser muy exigente a nivel financiero.

Ejemplo

Pablo y Miguel están muy próximos a cerrar un acuerdo con un inversor privado. Va a invertir 100.000 euros en su proyecto, un servicio de gestión para profesionales dentro del mundo de la programación y la realidad virtual, pero, entre sus condiciones para firmar, ha exigido disponer de derecho a veto sobre la entrada de cualquier inversor en el futuro. Su inversión significaría una gran ayuda, y Pablo y Miguel le cederían un 20 por ciento de la empresa, pero no están convencidos sobre la cláusula de veto, pues le estarían otorgando el poder de decidir el futuro de su empresa. De ellos depende decidir si quieren ceder o no. En este caso, ¿por qué no compra la empresa al cien por cien?

Devengo, o derecho de consolidación

Definición

Término derivado del inglés *vesting*. Es una herramienta de control y gestión para garantizar que los miembros fundadores, inversores o ciertos empleados esenciales formarán parte del proyecto durante un tiempo concreto.

En la práctica

El objetivo del devengo es incentivar la permanencia de socios y trabajadores, normalmente pactando percibir más acciones en un momento concreto, siempre y cuando sigan vinculados a la empresa.

El período de devengo suele prolongarse durante tres o cuatro años, y tiene como finalidad fundamental dos propósitos: primero, para que un empleado mantenga su compromiso laboral con la empresa durante un período de tiempo pactado a cambio de acciones; y segundo, para facilitar la contratación de talento desde un principio, cuando la empresa no dispone de dinero suficiente para atraerlo, lo que suele ser bastante habitual en los comienzos de una *start-up*.

Hablando en plata

El *vesting* es un concepto muy escuchado en el entorno de las *start-ups*, ya que es un mecanismo frecuente para atraer o retener el talento de directivos, empleados y colaboradores clave.

Es una forma de otorgar acciones o beneficios a largo plazo a las partes interesadas de la empresa.

De manera sencilla, se refiere a un período en el cual los fundadores y los empleados (los más importantes o los iniciales), a medida que cumplen con una serie de obligaciones relacionadas en general con la dedicación, adquieren o validan (en el caso de los fundadores) acciones de la empresa.

El establecimiento del devengo sirve a los inversores como una garantía de que el equipo, sin sufrir alteraciones, llevará a cabo lo acordado en el momento que se invierte.

Ejemplo

Irene se está planteando trabajar en una *start-up* tecnológica, pero no está del todo convencida de la potencialidad de la empresa. Esa empresa no es muy conocida, y el salario no es muy competitivo. El proyecto le resulta interesante, y el equipo le gusta, pero no termina de decidirse. Tras tener una nueva reunión con el emprendedor y sus compañeros, le ofrecen permanecer en el proyecto durante al menos cuatro años, y cada año recibirá un número determinado de acciones.

Devengo inverso

Definición

El devengo inverso, que procede del inglés *reverse vesting*, está directamente relacionado con el devengo normal. Se trata de otra herramienta para fomentar la permanencia de socios, inversores y trabajadores.

En la práctica

Mediante este mecanismo se establece que las acciones, en lugar de recibirse transcurrido un tiempo concreto, ya son propiedad del titular mientras no incumpla la fecha de consolidación.

Es una cláusula habitual en empresas que están comenzando su andadura.

Al contrario que con el devengo, en el devengo inverso, las acciones ya son propiedad del titular, y lo seguirán siendo mientras éste cumpla lo estipulado y pactado.

De igual modo que el devengo normal, puede ser útil para atraer talento al no disponer de capital suficiente.

Hablando en plata

Es un término muy importante, porque está relacionado de forma directa con la participación accionarial del equipo fundador.

Uno de los aspectos más difíciles a los que enfrentarse y poder solucionar dentro del equipo inicial es la división del capital, decidir quién va a tener acciones de la empresa. Las acciones pueden repartirse de muchas maneras entre los miembros del equipo fundador, pero es muy importante que esas acciones iniciales emitidas al crear la compañía tengan asociadas ciertas condiciones.

El *reverse vesting* establece que, bajo determinadas estipulaciones, los fundadores tendrán que devolver sus acciones a los otros fundadores o tendrán que vendérselas a un precio fijado en el momento de la firma del acuerdo de socios.

El diablo está en los detalles

En el caso de que no exista *reverse vesting*, un socio fundador podría dejar la empresa, pero conservar su paquete de acciones con todos sus derechos. Esto sería un problema, porque «ensuciaría» la tabla de capitalización y podría lastrar las futuras rondas de inversión.

Ejemplo

Miguel y Paula acaban de lanzar un negocio juntos. Cada uno tiene un 50 por ciento del capital. Las acciones de Miguel y Paula tienen asociada una cláusula en el acuerdo de devengo inverso. Esas acciones serán suyas siempre y cuando no abandonen el proyecto antes de tres años. Si lo hicieran, se verían obligados a vender sus acciones a los demás accionistas (en este caso, Miguel o Paula) al precio que han establecido en el acuerdo de inversión.

Employee stock option pool

Definición

Este concepto alude a la reserva de una parte de las acciones de una sociedad para entregárselas a empleados (presentes o futuros), colaboradores y directivos.

En la práctica

El objetivo que persigue este término es atraer y retener a las personas con talento del equipo y atraer a nuevos individuos con buenas capacidades.

Las acciones en esta reserva se mantienen al margen de las acciones que se incluyen en rondas de inversión, y se cuentan como un activo de cara a conseguir buenos trabajadores.

Hablando en plata

Se trata de un término muy frecuente en el mundo de las *start-ups*, un contexto en el que a veces resulta difícil atraer talento, puesto que no se cuenta con capital suficiente para ofrecer seguridad financiera a los empleados o no se cuenta con marca para atraer nuevos trabajadores.

De manera sencilla, se define como una bolsa de acciones que se reserva para remunerar a determinadas personas.

Sirve para dar la oportunidad a los primeros empleados de ser parte del éxito (potencial e hipotético) de la empresa en un futuro.

Como emprendedor en fase inicial no podrás ofrecer un salario competitivo. Sin embargo, puedes ofrecer una parte del capital para que gente con talento quiera trabajar contigo.

Ejemplo

Cristian y Estefanía se han unido para formar una empresa que comercializará una interesante aplicación que facilita el diseño de toda una serie de prendas y accesorios de moda. Necesitan contratar personal, puesto que ellos dos no dan abasto y el desarrollo podría ralentizarse en exceso. Como no disponen de una mayoría de capital, se les ha ocurrido que podrían reservar un porcentaje de las acciones y utilizarlo como incentivo y retribución a los posibles nuevos empleados. De este modo, cuando la empresa genere beneficios, tal y como esperan, esos empleados podrán disfrutar junto con ellos del éxito.

Equity gap

Definición

Este término se emplea para definir la etapa en el desarrollo de una compañía en la que resulta complicado obtener financiación debido al riesgo que implicaría la inversión.

En la práctica

Es la dificultad existente para encontrar financiación durante el ciclo de crecimiento inicial de una *start-up* en el cual las necesidades de financiación de la empresa no cuadran con los objetivos de inversión de los inversores ángeles ni los de los fondos de capital riesgo.

Se aplica en las primeras fases de crecimiento de una *start-up*, cuando no se puede obtener financiación por parte de las instituciones o de los bancos ante el alto riesgo de una inversión sin garantías.

Hablando en plata

El *equity gap* (o brecha de capital) se crea cuando la inversión que necesita una empresa es demasiado grande para un inversor privado y demasiado pequeña para un fondo de capital riesgo. Estás en «tierra de nadie»: un riesgo de la inversión percibido como elevado, por un lado, y unas necesidades de financiación importantes, por otro lado.

La mayor parte de los inversores considera arriesgado invertir demasiado pronto, y por ello tienden a invertir en fases avanzadas, donde se ha eliminado parte de la incertidumbre.

¿Cómo puedes evitar caer en esta brecha de capital? Por un lado, demuestra lo más pronto posible tracción en el mercado, y, por otro lado, demuestra un alto potencial de crecimiento.

En cuanto a la inversión, los inversores ángeles se pueden juntar en una misma ronda para poner más dinero (redes de inversores privados), y los fondos pueden estructurarse de manera diferente (*angel funds*) para poner *tickets* más pequeños.

Ejemplo

Gustavo y su equipo llevan unos años de andadura con su empresa. Se dedican al comercio electrónico con productos artesanales procedentes de diferentes partes del mundo. Han invertido todos sus ahorros y quieren seguir creciendo, pero el negocio no genera los suficientes beneficios como para expandirse. Al no disponer de un histórico largo, los bancos son reacios a concederles un crédito, y tampoco logran dar con un inversor interesado en su proyecto. Están atravesando su primer *equity gap*. Necesitan encontrar una fuente de financiación para expandirse y continuar, ya que, de otro modo, es posible que se estanquen.

Hurdle rate

Definición

La *hurdle rate* es una tasa de rendimiento mínima que un proyecto de inversión debe alcanzar para ser considerado viable. Se calcula con el coste del dinero (tasa de interés en un período dado) más una prima de riesgo adicional para reflejar el riesgo inherente al proyecto específico.

En la práctica
Es la tasa mínima de retorno que los GP (gestores) de un fondo de inversión repercutirán a sus LP (inversores) antes de generar el *carried interest* (retribución variable).

Hablando en plata
Los gestores de fondos de capital riesgo se ganan la vida de dos formas. A través de la comisión de gestión (independientemente del rendimiento del fondo) y de una retribución variable sujeta al ROI del fondo. Para asegurar un retorno mínimo a los inversores, se aplica una tasa de retorno mínima (para cubrir en cierta forma el coste de oportunidad) antes de que los gestores puedan cobrar una variable. En general, el 20 por ciento de los beneficios después de aplicar la *hurdle rate.*

Ejemplo
Mateo y Paula lanzaron un fondo de capital riesgo y levantaron 100 millones de euros para invertir en empresas emergentes en Europa. La *hurdle rate* es del 10 por ciento anual. Por lo tanto, si el fondo se prolonga durante 10 años, tendrán que devolver los 100 millones más otros 100 millones (10 % × 10) a sus inversores antes de percibir su variable.

KPI (*Key Performance Indicator*)

Definición
El indicador clave de desempeño (*key performance indicator*, KPI), se refiere a métricas cuantificables y medibles empleadas para analizar el desempeño de actividades empresariales.

En la práctica
El KPI es una herramienta para tener bajo control y mejorar los resultados económicos de una compañía.

Existen diferentes KPI, como pueden ser el beneficio neto, el flujo de caja, el rendimiento sobre el capital, la conversión, el ebitda (*earnings before interest, taxes, depreciation and amortization*, o, lo que es lo mismo, el beneficio operativo) o el margen de ganancias.

Hablando en plata

Los KPI son indicadores empleados para tomar decisiones basándose en la realidad económica y efectiva del negocio. Suelen representarse mediante gráficas y tablas para que cualquiera sea capaz de interpretarlos.

Los inversores nos servimos de los KPI para apreciar de una manera rápida y efectiva la evolución de una empresa. Nos permiten comparar con otras empresas y seguir la evolución de la empresa. Lo más importante no es mencionar o presentar los KPI, sino más bien mejorarlos y saber explicar el porqué de esta mejoría.

Ejemplo

Rosa es una emprendedora con bastante experiencia en rondas de inversión. Ya se ha enfrentado a varias para buscar financiación para el negocio en el que trabajan ella y su equipo. En una reunión reciente de cara a una nueva ronda, ella y su equipo han confeccionado un documento que reúne los KPI más significativos para mostrárselos a los inversores. Los han organizado en tablas y gráficas muy atractivas y sencillas para que a nadie le resulte complejo apreciar la buena marcha de su negocio.

NDA (*non disclosure agreement*)

Definición

NDA (*non disclosure agreement*) son las siglas en inglés para definir un acuerdo o contrato de confidencialidad, un documento que impide a las partes implicadas (fundadores, inversores, empleados, colaboradores o cualquier tipo de socio) compartir determinada información sensible con terceros.

En la práctica

El NDA suele emplearse como herramienta en las fases iniciales de un proyecto empresarial para proteger la propiedad intelectual o industrial, estableciendo un compromiso sobre la información asociada.

Incluye la identificación de las partes, el reconocimiento del carácter confidencial de la información y las obligaciones y los límites asociados.

Hablando en plata

Yo no firmo NDA, en particular durante las fases iniciales. No se puede proteger una idea. El valor está en la implementación.

Los inversores no tratamos de copiar ideas ni de crear nuestros propios proyectos. Un acuerdo de NDA debe ir en consonancia con la importancia de la información, de cómo se comparte y con quién. Es importante tener presente con quién se firma un acuerdo de este tipo, ya que no es lo mismo tratar con un socio industrial que con un fondo de capital riesgo, por ejemplo.

Y recomiendo obrar con cautela, pues establecer en un primer contacto con un inversor (cuando ni siquiera nos conocemos) que hay que firmar acuerdos de confidencialidad puede que provoque, muy probablemente, que el inversor en cuestión deje de interesarse en tu proyecto.

Ejemplo

Hace pocos meses, Roberto me pidió una reunión para presentarme su idea innovadora, que iba a revolucionar el mundo de la enseñanza. Cuando nos vimos, me hizo comentarios muy generalistas sobre las ineficiencias de la educación, el poco uso de la tecnología y cómo la inteligencia artificial iba a cambiar el entorno competitivo, etc. Cuando le pedí que me compartiera su idea de negocio, enseguida se puso tenso y me pidió firmar un NDA. Me quedé muy sorprendido. No me había dicho nada. Los NDA no están hechos para proteger ideas (¡no se puede!); sirven para aportar seguridad en un proceso de negociación, para que las dos partes se sientan cómodas al compartir información crítica. La mejor forma de NO encontrar inversores es NO contarles nada desde el principio.

Nota convertible

Definición

Instrumento de financiación que permite al inversor convertir el capital prestado a una empresa en participaciones de la sociedad.

En la práctica

La nota convertible otorga un derecho al inversor, permitiendo que el préstamo se convierta en acciones del negocio una vez transcurrido un tiempo determinado o que haya ocurrido un evento de liquidez (lo que suceda primero). El acuerdo asociado a una nota convertible debe indicar la cantidad de dinero que se invierte, los intereses que se generan y el plazo de ejecución de la conversión.

Hablando en plata

A través de una nota convertible, en lugar de invertir capital, los inversores prestamos dinero en vez de invertir en acciones.

Dicho préstamo acarrea cierto interés; yo te presto dinero con la intención de convertirlo en acciones en un plazo de dos o tres años, pero, durante el transcurso de este tiempo, el dinero devenga intereses. Es como una manera de «agradecer el esfuerzo». También suele implicar un descuento sobre la valoración de la sociedad en una ronda posterior, lo que, llegado el momento, permite obtener una mayor cantidad de participaciones.

Las notas convertibles se dan en una etapa temprana de una empresa, cuando establecer una valoración se hace casi imposible. Facilita mucho los acuerdos, ya que se elimina el componente más difícil de medir.

Ojo, para un inversor, una nota convertible supone mucho riesgo, ya que se dan en fases donde las posibilidades de fracaso son elevadas, de mucha incertidumbre.

El diablo está en los detalles

Hay cinco factores importantes en la negociación de una nota convertible: la tasa de interés, el *cap* (el precio máximo de convertibilidad), el *floor* (el precio mínimo de convertibilidad), la tasa de descuento a aplicar sobre la valoración de la ronda posterior y el plazo de ejecución.

Ejemplo

Iría y Damián están al frente de un proyecto muy interesante, pero están cortos de efectivo y aún no disponen de métricas suficientes para hacer frente a una ronda de inversión. Sin embargo, tienen en mente ya los inversores con los que van a reunirse. Su ofrecimiento es que yo les preste dinero mediante una nota convertible para generar más métricas y, en unos seis o nueve meses, lanzarse a la primera ronda de inversión.

Phantom shares

Definición
Phantom shares puede traducirse como 'acciones fantasma'. Son un derecho económico sobre participaciones sociales de una empresa, que se ejecuta cuando tiene lugar el evento de liquidez.

En la práctica
Pese a recibir el nombre de acciones o participaciones, no tienen asociados derechos políticos. El titular de acciones fantasma no adquiere el título de accionista en el sentido estrictamente legal; no se considera como tal.

Hablando en plata
Son acciones irreales que, a efectos prácticos, se describen como bonificaciones por objetivos y que se emplean como contraprestación por el compromiso de permanencia, tanto para inversores como para empleados.

Con frecuencia forman parte de acuerdos con *start-ups* y cualquier tipo de empresa que proyecte un incremento del valor en años venideros.

No requieren que se desembolse capital inicialmente, pues no forman parte del capital propiamente dicho, y fomentan la fidelización de figuras clave en el negocio.

Ejemplo
Jorge y Ramiro llevan un año trabajando con su negocio. Ofrecen servicios de asistencia a otras empresas gracias a una aplicación que ellos mismos han desarrollado y que facilita el trabajo de grandes corporaciones. Se encuentran en la primera ronda de inversión, buscando capital privado para expandirse y crecer. Como parte de los acuerdos, plantean ofrecer acciones fantasma a sus empleados clave. Si la empresa en un futuro se vende, esas acciones otorgarán ingresos adicionales a los nuevos empleados. Ya habían utilizado anteriormente la idea, pues algunos de sus primeros empleados disponen también de acciones fantasma.

Preferencia de liquidación

Definición

Este término también se conoce como liquidación preferente, y en inglés es *liquidation preference*. Se trata de una cláusula para determinar la manera en la que se reparte el dinero entre los socios ante un evento de liquidez.

En la práctica

Este rasgo implica la existencia de dos niveles de derechos: preferentes y normales. La preferencia determina el importe que se recibe y en el momento en el que se obtiene.

El concepto puede llevar a error, ya que no ocurre únicamente cuando una empresa se liquida, sino en cualquier circunstancia de liquidez, cuando las acciones o los activos se convierten en dinero.

Este complemento de un acuerdo de inversión supone un estímulo para los inversores profesionales, pues se emplea con frecuencia para minimizar riesgos y proteger la inversión. Pero puede implicar complicaciones.

Las cláusulas de preferencia son más frecuentes en rondas avanzadas de inversión, ya que los inversores que ponen más capital tienden a exigir más derechos y privilegios que los inversores de las rondas iniciales.

Hablando en plata

Es un derecho de preferencia para establecer el orden en el que se recibirá dinero en momentos concretos, y en los acuerdos se suelen establecer los desencadenantes que «activan» este derecho.

El capital riesgo suele utilizar la preferencia para marcar su derecho a recuperar antes su dinero, estableciendo que sus acciones tienen preferencia. Para ti, como emprendedor, puede suponer que percibas una cantidad inferior al porcentaje puramente matemático y proporcional que representan tus acciones en relación con el número total de participaciones. Las acciones de los emprendedores suelen ser ordinarias y, en muchos casos, las acciones de los fondos de capital riesgo son preferentes.

La preferencia es uno de los aspectos en los que los intereses de inversores y emprendedores más difiere. A medida que la empresa crece y los inversores son más sofisticados, éstos buscan «preservar» su capital en el caso de que los emprendedores no sean capaces de generar tanto crecimiento e ingresos como se preveía. Es a partir de aquí cuando se desalinean los intereses de emprendedores e inversores. Y es que los inversores tenemos mucho poder de negociación al contar con el recurso escaso de los emprendedores: el dinero. Tu única opción en estos casos es que diferentes inversores pujen por la inversión.

Como consecuencia, cuando un inversor goza de derechos de liquidación preferente adscritos a sus acciones tiene la potestad en cualquier evento de liquidez (venta, secundario en una ronda de inversión o cierre) de «recuperar» su dinero antes que los otros accionistas con acciones ordinarias.

El diablo está en los detalles

Ten mucho cuidado. Si los inversores tenemos preferencia de liquidación y derecho de arrastre, puede que en algún momento nos interese vender porque nos genere un retorno interesante y, de esta forma, te forcemos a vender y te quedes con poco.

Existen dos tipos de preferentes: participativas y no participativas. Como emprendedor, tu interés es que las preferentes que concedes a tus inversores sean no participativas, ya que el inversor tendrá que escoger entre recuperar su inversión o ir a prorrata con los otros inversores sin preferentes. En el caso de participativas, el inversor recupera su inversión e irá a prorrata de su participación como todos los inversores.

Ejemplo

Óscar dirige una compañía del sector tecnológico y del ámbito de los videojuegos que se enfrenta a una tercera ronda de inversión. Su negocio lleva varios años en marcha y funciona muy bien, con una gran proyección de crecimiento. Él y su equipo consideran que es el momento de buscar la inversión de un fondo de capital riesgo que pueda inyectar una amplia suma de dinero. Se ha reunido con un par de administradores y uno de ellos le ha propuesto invertir 3 millones de euros, pero bajo la condición de una preferencia de liquidación con un multiplicador

2×. En el caso de que la empresa vaya a venderse por una cantidad establecida, el fondo será el primer socio en percibir beneficios y lo hará en una cantidad que dobla la inversión de 3 millones original. Es decir, si se vende, los primeros 6 millones irían al fondo.

Private equity

Definición
El concepto inglés *private equity* abarca de manera general a la actividad financiera mediante la cual una sociedad o firma de inversión especializada compra una empresa con una participación habitualmente mayoritaria con el fin de multiplicar su valor.

En la práctica
Implica la toma de control y de la gestión para maximizar el beneficio, además de inversiones de grandes sumas de dinero.

A diferencia de los fondos de capital riesgo, este tipo de inversión busca reorientar toda la estrategia empresarial, mejorar el negocio y renovarlo para una venta futura.

Los fondos de *private equity* trabajan con presteza, invierten, mejoran y, luego, salen de la inversión, sea mediante venta, salida a bolsa o liquidación.

Hablando en plata
El capital riesgo forma parte del mundo del *private equity*, ya que es un intercambio de efectivo por acciones de una empresa. Sin embargo, existen diferencias notables.

Una de ellas es la tecnología versus lo tradicional. Los fondos de capital riesgo suelen invertir sobre todo en empresas del ámbito tecnológico, mientras que los fondos de *private equity* no se limitan, e invierten en todo tipo de industrias y empresas.

Otra diferencia se refiere al carácter minoritario versus mayoritario. Los fondos de *private equity* no invierten en el desarrollo de nuevos proyectos, sino que el propósito que persiguen es consolidar una empresa o hacerla crecer. Y para ello adquieren un gran porcentaje (o el total) de las acciones.

Finalmente, también hay diferencias en cuanto al riesgo versus la gestión. Las inversiones de *private equity*, tratándose de inversiones de cantidades muy elevadas en empresas más maduras, conllevan un riesgo inferior.

Ejemplo
Manuel es el CEO de una empresa del sector aeronáutico. Su empresa fabrica componentes que son esenciales para la construcción de aviones y otro tipo de transportes. Lleva muchos años con su negocio y tiene acuerdos operacionales cerrados con empresas de todo el globo. Él y su equipo de administración se plantean crecer y se ha puesto en contacto con el representante de un fondo de *private equity*, quien le ha planteado la opción de adquirir el 80 por ciento de su empresa a cambio de una inversión enorme de capital que permitiría a la empresa hacerse con la mayor parte del mercado estadounidense de su sector en un plazo de dos años.

Ratchet

Definición
El *ratchet* es el derecho que concede a un socio la posibilidad de recibir participaciones adicionales en lo vinculado a la titularidad del capital de la compañía.

En la práctica
Es una cláusula que permite a los emprendedores aumentar su participación en la empresa si logran objetivos acordados en el acuerdo de socios.

Hablando en plata
De algún modo, el *ratchet* es un derecho que vincula el interés de los inversores con el crecimiento de la empresa. Aunque es muy importante tener presente que los desencadenantes son clave. Si una cláusula *ratchet* se activa al, digamos, llegar a un 80 por ciento de beneficios en un plazo estipulado, sólo ocurrirá si se alcanza dicha cifra. Quedarse en un 79 por ciento no será suficiente.

Mediante objetivos definidos en un acuerdo, un socio (normalmente fundador) o un inversor pueden recibir más acciones. Podría entenderse como un incentivo que se desbloquea al lograr algo que se ha establecido previamente por escrito.

Es una herramienta muy efectiva para tratar de acercar posiciones entre inversores y emprendedores cuando no estamos de acuerdo en la valoración. El emprendedor se diluye más en la ronda, pero, si consigue los objetivos marcados (típicamente de ingresos o ebitda), aumenta su participación gracias a los *ratchets*.

Ejemplo
Estela y Lucas son dos emprendedores al frente de una empresa que desarrolla aplicaciones móviles para componentes industriales. Antes de cerrar un acuerdo de inversión que les permitirá recibir más de 1 millón de euros de capital privado para su proyecto, los posibles socios inversores han querido definir una cláusula *ratchet* en el acuerdo. Si en un plazo de un año la empresa alcanza un determinado nivel de facturación, los inversores les cederán un porcentaje adicional de acciones.

ROI (*return on investment*)

Definición
En español, el *return on investment* (ROI) se traduce como 'retorno de inversión'. Es un indicador de la eficiencia de cualquier inversión, y se expresa en términos porcentuales.

En la práctica
Es una herramienta para medir la rentabilidad económica de una inversión.

Se calcula a través de la división de las ganancias menos la inversión entre la inversión, y se multiplica por cien para obtener un porcentaje de retorno.

En el mundo de la inversión privada en empresas emergentes se suele calcular también en múltiplos de la inversión inicial.

Hablando en plata
Es una métrica que puede ser positiva o negativa y que refleja el éxito de la inversión.

Los inversores utilizamos el ROI con frecuencia para determinar la rentabilidad de nuestro capital al invertir en empresas. Sin embargo, es importante destacar dos características significativas. En primer lugar, el ROI no toma en consideración el rendimiento del dinero si hubieras invertido en otra empresa o puesto ese dinero en renta fija, ni tampoco la inflación. Si la inflación es del 5 por ciento anual y tu inversión tiene un 4 por ciento de ROI, has perdido un 1 por ciento de poder adquisitivo cada año. Segundo, la inversión en empresas emergentes tiene ventanas de oportunidad de salida puntuales (no son acciones listadas en ningún índice), por lo tanto, únicamente se puede calcular cuando el inversor vende sus participaciones.

Ejemplo

Alma, Antonio e Irene formaron una *start-up* tecnológica que desarrolla aplicaciones para móviles. Hace cinco años, un grupo de inversores invirtió en su proyecto 1 millón de euros a una valoración *pre-money* de 4 millones de euros. Así, adquirieron el 20 por ciento de la empresa. Acaban de vender la empresa este año a un valor de 15 millones. El ROI de los inversores es de 3×, es decir, que han vendido sus acciones a 3 millones (el 20 % de 15 millones). O, lo que es lo mismo: tuvieron un ROI aproximado del 20 por ciento anual.

Tabla de capitalización

Definición

El concepto de tabla de capitalización deriva del término inglés *cap table*. Se refiere al documento en el que se recoge la distribución de acciones entre los socios de una empresa y los porcentajes respectivos.

En la práctica

Se muestra en formato de tabla, y refleja el valor de la empresa y de las rondas de inversión consecutivas, así como de las participaciones que cada accionista tiene.

Hablando en plata

Independientemente del momento de desarrollo del negocio, la tabla de capitalización muestra el porcentaje de acciones de cada accionista de la empresa.

A medida que las rondas de inversión se suceden, la tabla se vuelve más compleja, puesto que se van incorporando nuevos elementos e individuos con distintos tipos de acciones.

Son incontables las veces que he escuchado algo así: «Esta tabla de capitalización es muy complicada». Y es que, con el tiempo, una tabla puede resultar muy engorrosa de interpretar. A medida que aparecen nuevos inversores y se emitan nuevas acciones, la tabla se complicará con cláusulas, derechos adquiridos y limitaciones derivadas.

Te sugiero que partas de una tabla sencilla que después pueda adaptarse a los cambios, pero en la que siempre se muestren con claridad todos los datos. A los *business angels* y a los fondos de capital riesgo nos gusta lo sencillo, no que haya multitud de inversores con derechos distintos. Y nos gusta que, en general, el equipo fundador tenga gran parte del control. Es lo que en este ámbito se conoce como «tabla limpia».

Ejemplo

Hugo y Jan acaban de cerrar un acuerdo con un VC que va a inyectar 500.000 euros al capital de su empresa de reparto. A cambio del capital, se emiten nuevas acciones que representan un 10 por ciento del capital después de la inversión. Todo ello debe reflejarse en la tabla de capitalización, pues los porcentajes de acciones ya no son los mismos. Antes, ellos dos se repartían el cien por cien, pero ahora han cedido cada uno un 5 por ciento para que el VC tenga su 10 por ciento.

Term sheet

Definición

Hoja de términos es el equivalente a *term sheet*. Se trata de un documento (ya sea vinculante o no) en el que, de forma resumida, se establecen los condicionantes de una inversión.

En la práctica
Es un documento esencial en una negociación. En él se reflejan las condiciones de entrada de un inversor en el negocio y el porcentaje de participación, además del tipo de inversión y las cláusulas que irán asociadas.

Hablando en plata
Es la piedra angular de la relación entre emprendedores e inversores. Enumera las condiciones que el inversor establece para invertir en el negocio, y supone un elemento esencial de cualquier negociación.

El responsable de presentarla suele ser el inversor líder, aquel inversor que pone más dinero sobre la mesa, el inversor más importante de la ronda en cuestión.

Es un documento entre una hoja de términos vinculante y una carta de intenciones. Lo más habitual es que los inversores utilicen una hoja de términos no vinculante para garantizar la exclusividad, pero es un documento que no tiene mucho valor legal.

Sin embargo, la emisión de una hoja de términos suele determinar un antes y un después en la negociación entre emprendedor e inversor. La lista de condiciones establecidas será aquella a la que se adherirán todos los inversores de la ronda en cuestión.

Y se debe tener en cuenta que, a medida que se sucedan las rondas de inversión, los inversores exigirán condiciones más ventajosas para ellos.

Ejemplo
Raúl y Esther se acaban de reunir con Noa, una inversora muy interesada en su empresa tecnológica. Acaban de desarrollar una nueva aplicación para mejorar el vuelo de drones, y Noa lo ha visto como una gran oportunidad de inversión. Les ha presentado una *term sheet* en la que establece sus condiciones para invertir, entre las que se incluyen el monto de la inversión, la valoración, el porcentaje de participación que implica y las materias reservadas a las cuales Noa aspira.

Valoración *pre-money* y *post-money*

Definición

Estos términos definen el valor de una empresa antes (*pre-money*) y después (*post-money*) de una ronda de inversión.

En la práctica

La valoración *pre-money* es la valoración previa a una ronda de inversión, antes de la ampliación de capital a través de la emisión de nuevas acciones.

La valoración *post-money* es el valor total de la empresa tras añadir el dinero que los inversores hayan aportado en la ronda.

Hablando en plata

La valoración *post-money* es la nueva valoración después de la ronda. Si la próxima ronda se realiza a un valor inferior; se habrá destruido valor para los accionistas que acaban de acudir a esta ronda. Es la valoración mínima que se tendrá que «defender» en el futuro.

Ejemplo

Raquel y José han desarrollado una aplicación enfocada a la educación y a la asistencia de profesores en el aula. Tras un proceso de varios meses, han logrado cerrar un acuerdo de inversión que va a inyectar en su negocio 0,5 millones de euros. Partiendo de que la valoración *pre-money* que negociaron era de 1 millón de euros, ahora su valoración *post-money* es de un millón y medio, sumando todo el capital de los inversores.

Índice de términos

acelerador/a, 65-68
B2B, 22, 44-46, 49, 66, 155
B2C, 22, 44-46, 49, 155, 157
benchmark, 149-150
bootstrapping, 63
bottom-up, 79, 114-115
branding, 67
burn rate, 150-151
business angel, 15, 57-59, 68-69, 73, 75-76, 87, 100, 102, 111, 125, 135, 138-139, 141, 163-164, 176
C-Suite, 118
capital riesgo (*venture capital*), 17, 50, 56-57, 59, 69, 71-73, 84-85, 109-111, 118, 125, 140, 154, 163-165, 167, 170-172, 176
carried interest (interés devengado), 72-73, 165
cláusula de antidilución, 152-153
coachability, 81
coste de oportunidad, 27, 29, 77, 156-157, 165
cross the chasm, 119
crowdfunding, 157-158
deal flow, 76
derecho de consolidación (devengo), 160-162
derecho de veto, 158-159
devengo (derecho de consolidación), 160-162
devengo inverso, 161-162
discounted cash flow (o flujo de caja descontado), 104-105, 107
due diligence, 25-126, 139
drag along, 154-155
elevator pitch, 123, 127-130, 138
employee stock option pool, 162-163
equity gap, 163-164
escalabilidad, 55, 78, 118-120
first mover advantage, 47-48
first-time entrepreneurs, 67
flujo de caja descontado (*discounted cash flow*, DCF), 104-105, 107

FOMO, 88, 107-108, 142
general partners (GP), 71-73, 165, 171
hurdle rate, 72, 164-165
interés devengado (*carried interest*), 72-73, 165
incubadora, 65-67
KPI, 106, 165-166
limited partners (LP), 71-74, 165
método *venture capital*, 109-111
múltiplos y comparables, 105-108, 110
MVP (*minimum viable product*, o producto mínimo viable), 47-48, 55, 115
NDA (*non disclosure agreement*), 166-167
nota convertible, 111, 167-168
off the shelf software, 53
one-pager, 123, 127, 129-130
phantom shares, 169
post-money, 178
preferencia de liquidación, 170-172
pre-money, 175, 178
private equity, 71, 172-173
producto mínimo viable (*minimum viable product*, MVP), 47-48, 55, 115
pyme, 45, 94, 99
ratchet, 173-174
ROI, 165, 174-175
tabla de capitalización, 162, 175-176
tag along, 151-152
term sheet, 124, 176-177
«triple F», 63-65, 69, 73-73
SaaS, 66
scale-up, empresas, 16
start-up, 9, 12, 15-16, 18, 34, 41, 45, 48, 51, 56, 58, 63, 65-66, 68, 70-71, 76-77, 86, 92, 94-95, 94, 99-106, 110-114, 117-119, 121-122, 128, 137, 156-157, 160-163, 169, 175
unicornios, empresas, 15-16, 37, 98, 108, 119
valor contable, 101-102
valoración de estómago, 102-105, 107-108
ventana de salida, 76, 175
venture capital (capital riesgo), 17, 50, 56-57, 59, 69, 71-73, 84-85, 109-111, 118, 125, 140, 154, 163-165, 167, 170-172, 176
venture builder, 65-67
walking zombie, 77